中国审计评论

第16辑

AUDITING REVIEW
OF CHINA

晏维龙 主编

中国财经出版传媒集团

经济科学出版社
Economic Science Press

图书在版编目（CIP）数据

中国审计评论. 第 16 辑 / 晏维龙主编. —北京：
经济科学出版社，2022.2
ISBN 978 - 7 - 5218 - 3444 - 4

Ⅰ. ①中…　Ⅱ. ①晏…　Ⅲ. ①审计 - 评论 - 中国
Ⅳ. ①F239. 22

中国版本图书馆 CIP 数据核字（2022）第 030674 号

责任编辑：殷亚红　赵婵婷
责任校对：王苗苗
责任印制：王世伟

中国审计评论

第 16 辑

晏维龙　主编

经济科学出版社出版、发行　新华书店经销
社址：北京市海淀区阜成路甲 28 号　邮编：100142
总编部电话：010 - 88191217　发行部电话：010 - 88191522
网址：www. esp. com. cn
电子邮件：esp@ esp. com. cn
天猫网店：经济科学出版社旗舰店
网址：http://jjkxcbs. tmall. com
北京季蜂印刷有限公司印装
787×1092　16 开　10 印张　220000 字
2022 年 3 月第 1 版　2022 年 3 月第 1 次印刷
ISBN 978 - 7 - 5218 - 3444 - 4　定价：38. 00 元
（图书出现印装问题，本社负责调换。电话：010 - 88191510）
（版权所有　侵权必究　打击盗版　举报热线：010 - 88191661
QQ：2242791300　营销中心电话：010 - 88191537
电子邮箱：dbts@ esp. com. cn）

《中国审计评论》编委会

主　　编：晏维龙

副 主 编：王会金　郑石桥　岳贤平

执行主编：王素梅　叶陈刚　李青原

编 辑 部：南永清

主办单位：南京审计大学国家审计研究院
　　　　　中国审计学会审计教育分会

目　　录

国家审计促进全面深化改革：基础理念和实施路径[*]

国家审计促进全面深化改革：基础理念和实施路径[*]

郑石桥^{**}

摘　要　全面深化改革是治国理政战略思想的重要内容，国家审计作为国家治理的重要组成部分，要在促进全面深化改革方面发挥作用。为此，国家审计必须树立与全面深化改革相适应的审计理念，这就是在依法审计理念的基础上树立"一个容错""二个不能""三个区分来"的审计理念。在此基础上，国家审计通过两个路径来促进全面深化改革。一是通过"两手抓"的工作方式，发现体制机制问题，为全面深化改革精准地找到体制机制缺陷，成为制度完善的倒逼机制和深化改革的催化剂；二是在各类审计业务中，都将重要的政策措施的贯彻落实作为审计重点内容之一，或者将政策落实情况作为专门的审计业务，促进政策措施的贯彻落实，成为政策落实的督查员和深化改革的催化剂。

关键词　全面深化改革　制度完善倒逼机制　政策落实督查员　深化改革催化剂　政策落实情况审计

National Audit Promotes Comprehensive Deepening Reform：Basic Idea and Implementation Path

Zheng Shiqiao

Institute of Auditing Science，Nanjing Audit University

Abstract：Comprehensively deepening reform is an important part of the strategic thought of governing the country. As an important part of national governance，national audit should play a

---

　* 基金项目：教育部重大招标项目"更好地发挥审计在党和国家监督体系中的作用研究"（19JZD027）；南京审计大学国家审计研究院 2021 年资助项目"社会保障审计基本理论研究"。

　** 作者简介：郑石桥（1964—），男，湖南耒阳人，南京审计大学审计科学院教授、博士生导师，主要研究领域为审计理论与方法。

role in promoting the overall deepening of reform. For this reason, the national audit must estab-
lish the audit idea that adapts to the overall deepening reform, that is, the audit idea of "one
fault tolerance", "two cannot" and "three distinctions" on the basis of the audit idea in accord-
ance with the law. On this basis, the state audit promotes the comprehensive deepening of the re-
form through two paths, one is to find problems of the system and mechanism through the working
way of "doing two jobs at once", and to accurately find defects of the system and mechanism in
order to deepen the reform in an all-round way, it has become the reverse mechanism of institu-
tional improvement and the catalyst for deepening reform. Second, in all kinds of audit engage-
ment, the implementation of important policies and measures is regarded as one of the key con-
tents of audit, or the implementation of policies is regarded as a special audit engagement to pro-
mote the implementation of policies and measures, it has become an inspector of policy imple-
mentation and a catalyst for deepening reform.

Keywords: comprehensive deepening reform; the reverse force mechanism for perfect system;
policy implementation inspector; catalyst for deepening reform; audit of policy implementation

一、引 言

由"全面建成小康社会、全面深化改革、全面依法治国、全面从严治党"组成的
"四个全面"战略是以习近平同志为核心的党中央治国理政战略思想的重要内容，这其中
的全面深化改革，既为全面建成小康社会提供强大动力，也是全面依法治国、全面从严
治党的需要。党的十八届三中全会对经济体制改革、政治体制改革、文化体制改革、社
会体制改革、生态文明体制改革和党的建设制度改革进行了全面部署。所以，全面深化
改革是治国理政的重要方面。

国家审计是国家治理的重要组成部分，要服务于国家治理，所以，国家审计要在促
进全面深化改革方面发挥作用。也正是因为如此，2018 年 5 月 23 日，习近平总书记在中
央审计委员会第一次会议的重要讲话中指出，审计机关要"依法全面履行审计监督职责，
促进经济高质量发展，促进全面深化改革，促进权力规范运行，促进反腐倡廉"，这其中
就包括"促进全面深化改革"①。

本文认为，由于全面深化改革是党中央治国理政战略思想的重要内容，而"国家审
计主要对所有管理、分配和使用公共资金、国有资产，国有资源的部门单位是否忠实履
行法定职责、严格财经纪律，其经济活动是否真实、合法、有效，依法进行检查和评
价"②，全面深化改革显然是党政机构及各国有单位法定职责和经济活动的重要内容，所

---

① 《习近平主持召开中央审计委员会第一次会议》，中国政府网，http://www.gov.cn/xinwen/2018 - 05/23/con-
tent_5293054.htm，2018 年 5 月。
② 《全国审计工作会议在京召开》，中国政府网，http://www.gov.cn/xinwen/2018 - 01/09/content_5254859.
htm，2018 年 1 月。

以，国家审计促进全面深化的必要性和可能性是显然的。因此，本文主要从国家审计如何适应全面深化改革的需要而进行自身改革，以及国家审计如何促进全面深化改革这两个方面进行理论阐释。

二、文献综述

"四个全面"战略提出以后，一些文献研究了国家审计与全面深化改革的关系，研究主题有三个，一是国家审计促进全面深化改革的必要性和可能性，二是国家审计如何适应全面深化改革的需要而进行自身改革，三是国家审计如何促进全面深化改革。

关于国家审计促进全面深化改革的必要性，现有文献认为，国家审计服务全面深化改革是由"审计环境与审计活动的相互关系原理"决定的，是"围绕中心，服务大局"工作方针的要求（审计署审计科研所，2013；陈献东，2014；沈东燕，2014）。关于国家审计促进全面深化的可行性，现有文献认为，主要体现在三个方面：一是"国家审计的价值定位与全面深化改革的总目标一致"；二是"国家审计在过去的实践中积累了大量服务改革的经验"；三是"国家审计服务全面深化改革也符合国际通行的审计惯例"（审计署审计科研所，2013；陈献东，2014；沈东燕，2014）。

关于国家审计如何适应全面深化改革的需要而进行自身改革，现有文献从审计理念、审计法律制度、审计组织方式、审计技术方法、审计产品类型和审计团队建议等方面分析了审计机关如何适应全面深化改革而进行自身改革（陈献东，2014；张永祥，2014；田春华，2014；沈东燕，2014）。

关于国家审计如何促进全面深化改革，主流观点认为，审计机关"要积极促进全面深化改革任务的贯彻落实"来促进全面深化改革（审计署审计科研所，2013；顾树生，2013；陈献东，2014；李健，2014；本报特约评论员，2017），做深化改革的"催化剂"（李健，2014；本报特约评论员，2015）和政策落实的督查员，通过检查政策措施落实情况来促进全面深化改革（王立国，2014；潘博，2015；赵全厚，2016）。

关于国家审计如何促进全面深化改革，除了上述主流观点外，还有一些其他的观点或表述方式，有的文献认为，"审计工作在促进深化改革，开展审计工作应着力把握住三点"，一是"要推动用制度从严管权"，二是"要推动用制度全面管事"，三是"要推动用制度科学管人"（尹树伟，2013）；有的文献提出，通过发挥"经济监督的制约作用""宏观调控的保障作用"和"经济评价的公正作用"来促进全面深化改革（宗秋生，2014）；有的文献认为，国家审计通过将全面深化改革相关的内容作为审计重点来促进全面深化改革（何梦琦，2014；刘西友和宫军，2014；沈东燕，2014）；有的文献认为，国家审计"通过免疫作用、揭示问题、评价和建议发挥作用，促进全面深化改革"（岳耀斌，2015）；有的文献提出，国家审计"能够凭借其各项法定职能和独特作用，发挥对深化改革的保障、促进和参谋作用，为全面深化改革保驾护航"（张宣波，2015）。

　　上述文献综述显示，关于国家审计促进全面深化改革的必要性和可能性、国家审计如何适应全面深化改革的需要而进行自身改革、国家审计如何促进全面深化改革，这三方面都有一定的研究，为进一步认识这些问题奠定了一定的基础，但是，整体来说，现有研究尚缺乏深入，还没有形成系统化的理论框架。

三、理论框架

　　本文的目的是从理论上阐释国家审计如何促进全面深化改革，提出国家审计促进全面深化改革的一个理论框架，为此，本文主要围绕两个问题进行理论阐释，一是国家审计如何适应全面深化改革的需要而进行自身改革。由于国家审计自身的改革是其促进全面深化改革的基础，没有国家审计自身的改革，也就难以在促进全面深化改革中发挥作用，所以，本文将国家审计如何适应全面深化改革的需要而进行自身改革称为国家审计促进全面深化改革的基础。二是国家审计促进全面深化改革的路径。没有恰当的路径，国家审计难以发挥促进作用，一般认为，国家审计促进全面深化改革的路径主要有两个，路径之一是做制度完善的倒逼机制，路径之二是做政策落实的督查员，通过这两个路径，促进全面深化改革。上述思路也是本文的研究思路，概括起来如图1所示，本文将分别对审计系统自身改革和促进全面深化改革的两个路径做较深入的理论阐释。

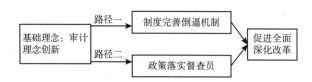

图1　国家审计促进全面深化改革

（一）国家审计促进全面深化改革的基础理念

　　部分文献从审计理念、审计法律制度、审计组织方式、审计技术方法、审计产品类型和审计团队建议等方面分析了审计机关如何适应全面深化改革而进行自身改革（陈献东，2014；张永祥，2014；田春华，2014；沈东燕，2014）。本文认为，审计机关适应全面深化改革而进行的自身改革内容可能有多个方面，但是，最重要的方面是审计理念改革或创新。2018年5月23日，习近平总书记在中央审计委员会第一次会议的重要讲话中要求"解放思想、与时俱进，创新审计理念"。①

　　为什么审计理念改革是最重要的呢？通常来说，对审计系统可以从审计效率效果、审计行为、审计制度和审计理念四个层级来考察，表现审计社会价值是其效率效果，而审

---

　　① 《习近平主持召开中央审计委员会第一次会议》，中国政府网，http://www.gov.cn/xinwen/2018 - 05/23/content_5293054.htm，2018年5月。

计效率效果是由审计行为决定的，审计行为是按审计制度来履行的，审计制度是按一定的审计理念来建构的，审计理念是审计制度的灵魂。所以，从某种意义上来说，审计理念决定审计制度，审计制度决定审计行为，审计行为决定审计效率效果。在审计系统的四个层级中，审计理念是基础性的、根本性的，审计理念与审计环境不适应，则审计制度、审计行为也会不适应审计环境，进而也就难以产生审计环境所需要的审计效率效果。

全面深化改革是审计机关面临的审计环境因素，这种环境因素对审计机关提出了新的要求，因此，需要审计机关与全面深化改革的需要相适应，只有这样，审计机关才有可能促进全面深化改革。如果审计机关不适应全面深化改革的需要，则难以发挥促进作用，有时甚至可能站在全面深化改革的对立面。而审计机关适应全面深化改革的需要，最基础和最根本的是审计理念要适应全面深化改革的需要，只要建立适应全面深化改革需要的审计理念，并将这些审计理念体现在审计制度和审计行为中，审计机关才有可能发挥促进全面深化改革的作用。正是因为上述原因，审计机关适应全面深化改革而进行的自身改革中，最重要的方面是审计理念改革或创新。

那么，为了促进全面深化改革，审计机关要创新什么样的审计理念呢？本文认为，最重要的是在依法审计理念的基础上树立"一个容错""二个不能"和"三个区分来"的审计理念。"一个容错"和"二个不能"是指既不能以新出台的制度规定去衡量以前的老问题，也不能生搬硬套或机械地使用不符合改革发展要求的旧制度规定来衡量当前的创新事项，还要适时总结经验，推动有关方面建立容错机制。"三个区分来"是指"把推进改革中因缺乏经验、先行先试出现的失误和错误同明知故犯的违纪违法行为区分开来；把上级尚无限制的探索性试验中的失误和错误同上级明令禁止后依然我行我素的违纪违法行为区分开来；把为推动发展的无意过失同为谋取私利的违纪违法行为区分开来，审慎作出结论和处理"①。

为了促进全面深化改革，在依法审计理念的基础上树立"一个容错""二个不能"和"三个区分来"的审计理念，其主要原因是，依法审计是审计机关的基本工作原则，这本身并没有错误，但是，在审计实践中，不少的审计机关和审计人员教条地理解依法审计，机械式地依照法条对审计事项进行定性，凡是与法条规定不一致的，就定性为违规行为，并要进行处理处罚。如此一来，那些突破现有不合时宜之法条的改革创新都有可能被定性为违规行为，并予以处理处罚，从某种意义上来说，审计成为过时法条的维护者，站到了全面深化改革的对立面。当然，全面深化改革并不是要将现有法律法规全面作废，而是要对那些不合时宜的法律法规进行改革，所以，必然会突破那些不合时宜的法律法规，如果审计机关要固守这些法律法规不能突破，就站在了全面深化改革的对立面。因此，要促进全面深化改革，审计机关必须正确地理解依法审计，在依法审计理念的基础上树立"一个容错""二个不能"和"三个区分来"的审计理念。

---

① 《审计署关于适应新常态践行新理念更好地履行审计监督职责的意见》（审政研发〔2016〕20 号）2016 年 2 月 5 日。

（二）国家审计促进全面深化改革的路径之一：制度完善的倒逼机制

审计机关为了促进全面深化改革，必须在依法审计理念的基础上树立"一个容错""二个不能"和"三个区分来"的审计理念，那么，以这样的审计理念为基础，审计机关通过哪些路径来促进全面深化改革呢？如图 1 所示，主要有两个路径，其一是制度完善的倒逼机制。

将全面深化改革作为治国理政战略思想的主要原因之一是中国面临一系列的矛盾和问题，要解决这些矛盾和问题，必须对产生这些矛盾和问题的制度进行改革，从源头治理。

审计机关通过"两手抓"的工作方式，能发现不少的体制机制问题，从而为全面深化改革精准地找到体制机制缺陷，成为制度完善的倒逼机制。审计机关的"两手抓"是指，一手抓违法违纪、损失浪费、绩效低下等问题；一手抓这些问题的产生原因，而体制机制障碍、制度性缺陷是主要的原因，所以，抓问题的产生原因主要是抓体制机制缺陷，找到了这些体制机制缺陷，就为源头上解决这些问题和全面深化改革精准定位奠定了基础。

从审计实践来看，在"两手抓"思路的指导下，各级审计机关都以发现的问题为基础，分析问题产生的原因，并从优化体制机制角度提出建议，从而推动全面深化改革。例如，《国务院关于 2018 年度中央预算执行和其他财政收支的审计工作报告》中有以下内容："审计机关坚持把重点审计事项置于经济社会运行的大背景下分析，把审计发现的具体问题放在改革发展大局下审视，及时反映预算管理、财税体制、科技创新等方面存在的体制机制问题，分析原因、提出建议，推动完善制度和深化改革。例如，在中央部门预算执行审计部分，对一些问题长期反复出现的现象，分析揭示了三方面体制机制问题。在科技成果转化方面，也指出相关制度不完善、落实不到位是成果转化率低的重要原因。针对反映的问题，报告从体制机制层面提出四方面 14 条建议，以利于推动具体问题立行立改、涉及体制机制及历史遗留因素等复杂问题持续整改，更加有效落实'治已病、防未病'的重要要求，健全和完善审计查出问题整改工作长效机制[①]。"

又如，《广东省人民政府关于 2019 年度省级预算执行和其他财政收支的审计工作报告》在罗列各类问题之后，提出如下内容："以上问题产生的主要原因：一是预算绩效理念有待增强。如部分地方和部门'先谋事、后排钱'理念尚未牢固树立，仍存在重投入轻管理、重支出轻绩效思想，绩效管理仍未贯穿财政资金管理全过程，资金沉淀闲置、损失浪费等问题仍有发生。二是制度体制机制还不够完善。例如，优化营商环境的'放管服'改革尚未完全到位、一些改革配套措施不到位、政策审批门槛过高、部门间协调配合机制不健全等，导致出现一些政策落地难、实施效果不明显、项目审批和建设缓慢

[①] 《2018 年度审计工作报告解读》，中华人民共和国审计署，https://www.audit.gov.cn/n5/n26/c132999/content.html，2019 年 6 月。

等问题。三是职能部门纵向管理力度有待加强。例如，省级预算编制执行监督管理改革后，一些省级职能部门单位对分管的财政专项资金纵向管理力度不足，对安排到基层的资金监管缺位，导致挤占挪用财政资金的行为时有发生。四是主体责任落实不到位。例如，在精准扶贫、污染防治、项目建设等方面，由于地方政府、职能部门、项目单位等相关责任主体责任不落实、执法监督不到位、政策宣传推广力度不足等，导致有的问题屡审屡犯①。"

上述材料显示，审计署及地方审计机关都在践行"两手抓"，都以发现问题为基础，跟踪到体制机制缺陷，进而提出优化建议，为全面深化改革找准了方向，成为制度完善的倒逼机制。从某种意义上来说，也是加速了相关问题领域的体制机制改革，从而成为全面深化改革的"催化剂"。

（三）国家审计促进全面深化改革的路径之二：政策落实的督查员

审计机关促进全面深化改革的两大路径，其二是政策落实的督查员。

全面深化改革必须通过一系列的政策措施来实施，政策措施是全面深化改革的载体，所以，从某种意义来说，政策措施制定和贯彻落实是全面深化改革的重要路径，但是，由于人性自利和有限理性，政策措施的制定和贯彻落实都可能出问题，从而使全面深化改革的目标受到影响。从人性自利来说，一些新出台的政策措施可能对一些地区、单位或个人的局部利益有调整甚至损害。为了维护这种局部利益，可能有意不执行或从形式上执行政策措施，从而使得政策措施目标难以达成；从有限理性来说，人是理性的，但是，这种理性又是有限的，因此，人在工作中可能会犯错误，正是由于有限理性，人们可能对新出台的政策措施错误理解或在贯彻落实中发生操作性错误，这也会影响政策措施目标的达成。同时，由于人性自利和有限理性，政策措施本身也可能有缺陷。

为了解决政策措施制定和贯彻落实中的上述问题，需要建立一些应对机制，政府审计就是重要的应对机制之一。审计机关以审计独特的职能为基础来应对政策措施制定和贯彻落实中的种类问题，也就成为其促进全面深化改革的重要力量。具体来说，有两个主要方式。

第一，在各类审计业务中，都将重要的政策措施的贯彻落实作为审计重点内容之一。属于审计机关审计范围内的各类审计客体都有责任在履行本单位职责时贯彻落实党和国家的方针政策，因此，将这些单位贯彻落实党和国家的方针政策情况纳入审计重点内容，是完全符合审计逻辑和审计法律的。通过对这些单位贯彻落实党和国家的方针政策情况进行检查，促使这些单位更好地贯彻落实党和国家的方针政策，从而对全面深化改革发挥促进作用。例如，2019年7月7日开始实施的《党政主要领导干部和国有企事业单位主要领导人员经济责任审计规定》将"贯彻执行党和国家经济方针政策、决策部署情况"

---

① 《广东省人民政府关于2019年度省级预算执行和其他财政收支的审计工作报告》，广东省人民政府门户网站，http：//www. gd. gov. cn/zwgk/czxx/sjgzbg/content/post_3054199. html，2020年7月。

作为各类领导干部及国有企业主要负责人经济责任审计内容，其目的就是通过对这些内容的审计，"促进领导干部履职尽责、担当作为，确保党中央令行禁止"。又如，《国务院关于 2018 年度中央预算执行和其他财政收支的审计工作报告》有如下内容："党中央、国务院要求建立全面规范透明、标准科学、约束有力的预算制度，加快建成全方位、全过程、全覆盖的预算绩效管理体系。按照这一要求……审计工作报告反映了全面预算绩效管理机制相关问题，指出绩效目标设定不够科学、评价不够规范、信息公开比例较低等；在重点专项资金和项目等部分，反映了相关资金结存闲置、项目建成后效益不佳、盲目决策造成损失等问题。"① 这表明审计机关是将党中央、国务院关于预算制度的要求纳入财政审计的内容，从而促进预算制度的优化。

第二，将政策落实情况作为专门的审计业务。除了在各类审计业务中将重要的政策措施的贯彻落实作为审计重点内容之一以外，还可以将政策落实情况作为专门的审计业务。《国务院关于加强审计工作的意见》提出，"对稳增长、促改革、调结构、惠民生、防风险等政策措施落实情况，以及公共资金、国有资产、国有资源、领导干部经济责任履行情况进行审计，实现审计监督全覆盖"，"持续组织对国家重大政策措施和宏观调控部署落实情况的跟踪审计，着力监督检查各地区、各部门落实稳增长、促改革、调结构、惠民生、防风险等政策措施的具体部署、执行进度、实际效果等情况，特别是重大项目落地、重点资金保障，以及简政放权推进情况，及时发现和纠正有令不行、有禁不止行为，反映好的做法、经验和新情况、新问题，促进政策落地生根和不断完善"。《"十三五"国家审计工作发展规划》提出，"以促进政策落实到位、不断完善、发挥实效为目标，着力推动项目落地、资金保障、简政放权、政策落实、风险防范，紧密结合不同时期、不同地区、不同行业、不同部门单位的实际情况，持续跟踪审计国家重大政策措施和宏观调控部署落实情况，发挥审计的保障作用"。

从政策落实情况审计规范来说，国务院办公厅发布《关于印发稳增长促改革调结构惠民生政策措施落实情况跟踪审计工作方案的通知》，审计署发布《国家重大政策措施和宏观调控部署落实情况跟踪审计实施意见（试行）》，一些地方审计机关也发布过类似的规范，例如，山东省审计厅发布《关于进一步加强重大政策措施落实情况跟踪审计的指导意见》，贵州省审计厅发布《贵州省国家重大政策措施和宏观调控部署落实情况跟踪审计实施意见》。

从审计结果公告来说，2009 年 5 月，审计署发布《关于中央保持经济平稳较快发展政策措施贯彻落实的审计情况》的审计结果公告；2015 年 5～12 月，审计署按月发布《稳增长促改革调结构惠民生防风险政策措施贯彻落实跟踪审计结果》；从 2016 年开始，审计署按季度发布《贯彻落实国家重大政策措施跟踪审计结果公告》。一些地方审计机关也发布政策落实情况审计结果公告，例如，广东省从 2016 年开始按年发布《国家和省重

① 《2018 年度审计工作报告解读》，中华人民共和国审计署，https://www.audit.gov.cn/n5/n26/c132999/content.html，2019 年 6 月。

大政策措施落实情况的跟踪审计结果》。专门的政策落实跟踪审计业务在促进政策措施落实方面发挥了重要的作用。

四、结论和启示

全面深化改革是治国理政战略思想的重要内容，国家审计是国家治理的重要组成部分，要服务于国家治理，所以，国家审计要在促进全面深化改革方面发挥作用。本文从国家审计如何适应全面深化改革的需要而进行理念创新，以及国家审计促进全面深化改革的路径这两个方面进行理论阐释，提出关于国家审计促进全面深化改革的理论框架。

依法审计是审计机关的基本工作原则，但是，在审计实践中，不少审计机关和审计人员教条地理解依法审计，机械式地依照法条对审计事项进行定性，成为过时法条的维护者，站在全面深化改革的对立面。因此，要促进全面深化改革，必须摈弃机械式的依法审计，在依法审计理念的基础上树立"一个容错""二个不能"和"三个区分来"的审计理念。

在审计理念创新的基础上，国家审计通过两个路径来促进全面深化改革，一是通过"两手抓"的工作方式，发现体制机制问题，为全面深化改革精准地找到体制机制缺陷，成为制度完善的倒逼机制和深化改革的催化剂；二是在各类审计业务中，都将重要的政策措施的贯彻落实作为审计重点内容之一，或者是将政策落实情况作为专门的审计业务，促进政策措施的贯彻落实，成为政策落实的督查员和深化改革的催化剂。

本文的研究启示我们，国家审计要服务于全面深化改革并不是一件简单的事，要有系统思维，首先要进行审计理念创新，没有适宜的审计理念作为灵魂，审计工作难以促进全面深化改革。在此基础上，还要选择恰当的路径，没有正确的路径，审计工作也难以促进全面深化改革。只有在适宜审计理念的指引下，通过恰当的路径，审计才能成为制度完善的倒逼机制、政策落实的督查员和深化改革的催化剂，有力地促进全面深化改革。

参考文献

[1] 本报特约评论员. 反映体制机制问题 发挥深化改革的"催化剂"作用——四论贯彻落实李克强总理对审计工作的重要指示精神 [N]. 中国审计报，2015 - 01 - 07（001）.

[2] 本报特约评论员. 依法审计 服务大局 为深化改革和推动发展作出积极贡献——审计工作报告的特点 [N]. 中国审计报，2017 - 06 - 26（001）.

[3] 陈献东. 国家审计服务全面深化改革研究 [J]. 审计月刊，2014（10）：4 - 6.

[4] 顾树生. 充分发挥审计在全面深化改革中的职能作用 [N]. 中国审计报，2013 - 12 - 13（001）.

[5] 何梦琦. 国家审计促进全面深化改革着力点 [C]. 江苏省审计学会第三届理事（会员）论坛论文集，2014：167 - 171.

［6］李健. 认真履行审计职责 促进全面深化改革［N］. 中国审计报，2014 - 02 - 12（005）.

［7］刘西友，宫军. 国家审计推动实现全面深化改革总目标：重点任务与科学定位［J］. 中国内部审计，2014（9）：82 - 84.

［8］潘博. 对审计监督推进全面深化改革的几点思考［N］. 中国审计报，2015 - 10 - 21（005）.

［9］沈东燕. 加强审计监督与全面深化改革研究［C］. 江苏省审计学会第三届理事（会员）论坛论文集，2014：95 - 100.

［10］审计署审计科研所. 审计监督推动深化行政体制改革［N］，审计研究简报，2013 - 07 - 26（13）.

［11］田春华. 发挥好审计在全面深化改革中的促进和保障作用［N］. 中国审计报，2014 - 01 - 15（005）.

［12］王立国. 护航深化改革，让"政策审计"成为常态［N］. 中国审计报，2014 - 01 - 24（001）.

［13］尹树伟. 把握三个着力点 发挥审计在深化改革中的促进和保障作用［N］. 中国审计报，2013 - 11 - 25（001）.

［14］岳耀斌. 国家审计促进全面深化改革的几项重要任务［J］. 现代经济信息，2015（6）：249.

［15］张宣波. 审计为深化改革保驾护航［N］. 学习时报，2015 - 07 - 13（007）.

［16］张永祥. 推进审计转型升级 服务全面深化改革［J］. 审计月刊，2014（7）：4 - 7.

［17］赵全厚. 审计促进全面深化改革成效显著［N］. 中国审计报，2016 - 07 - 13（001）.

［18］宗秋生. 审计监督是全面深化改革的助推器［C］. 江苏省审计学会第三届理事（会员）论坛论文集，2014：113 - 119.

精准扶贫政策跟踪审计评价体系研究[*]

——基于"审计揭示"与"审计整改"双重视角

王　帆　褚茂康[**]

摘　要　脱贫攻坚战的胜利离不开包括审计在内的党和国家监督体系的合力监督。本文基于"审计揭示"与"审计整改"双重视角，构建了精准扶贫政策跟踪审计评价体系，以该体系为评价基础，引入囊括惩罚型状态变权向量、混合型状态变权向量在内的变权层次分析法，对重大政策跟踪审计报告进行分析。结果显示，随着精准扶贫工作的不断深入，扶贫政策实施效果不断提升，且评价当年精准扶贫政策实施效果较上年提升幅度有所上升；同时，随着审计机关逐渐开展精准扶贫政策跟踪审计工作，监督绩效逐年提升，督促整改效果越来越好。

关键词　政策跟踪审计评价　精准扶贫　审计揭示　审计整改

Research on the Policy Implementation Real-time Audit Evaluation System of Targeted Poverty Alleviation Policies

—Based on a Dual Perspective of Audit Revelation and Audit Rectification

Wang Fan, Chu Maokang

School of Accounting, Zhejiang Gongshang University

Abstract：The victory of the fight against poverty is inseparable from the joint supervision of the party and the state supervision system, including audit. Based on a dual perspective of

---

　* 基金项目：中国博士后科学基金第 69 批面上资助"政策跟踪审计推动国企高质量发展政策落实的机制研究"（2021M692240）；国家社科青年基金项目"精准扶贫政策跟踪审计耦合机制研究"（18CGL039）。

　** 作者简介：王帆（1983—），女，河南新乡人，浙江工商大学会计学院教授、审计署审计科研所博士后，管理学博士，主要研究方向为国家审计；褚茂康（1996—），男，浙江台州人，浙江工商大学会计学院硕士研究生，主要研究方向为国家审计。

audit revelation and audit rectification, this paper builds a policy implementation real-time audit evaluation system for targeted poverty alleviation policies, and then this paper uses this system to analyze major policy implementation real-time audit reports by variable weight analytic hierarchy process. This model includes penalty state variable weight vector and mixed state variable weight vector. The results show that with the continuous deepening of targeted poverty alleviation, the implementation effects of poverty alleviation policies is constantly improving, and the evaluation of the implementation effects of targeted poverty alleviation policies in that year has increased compared with that in the previous year; at the same time, as audit agencies gradually carry out targeted poverty alleviation policy implementation real-time audit, the performance of supervision has improved year by year, and the effect of rectification has been getting better and better.

Keywords: policy implementation real-time audit evaluation; targeted poverty alleviation; audit revelation; audit rectification

一、引 言

精准扶贫是以习近平同志为核心的党中央提出并实施的重大举措,是新时代中国特色社会主义理论的重要组成部分。自习近平总书记在湖南湘西考察时首次提出"精准扶贫"概念以来,我国扶贫工作就进入了精准扶贫的新篇章[①]。随后,中共中央、国务院相继发布了《中共中央国务院关于打赢脱贫攻坚战的决定》《关于打赢脱贫攻坚战三年行动的指导意见》等指导纲要,为我国精准扶贫工作提供了制度基础。此外,习近平总书记在党的十九大报告中创新性地提出"注重扶贫同扶志、扶智相结合",更是将扶贫这一经济行动跃升到追求生产、社会、生态、教育等精准扶贫的新高度[②],走出一条适合中国实际的特色扶贫开发道路(王高贺,2016)。截至 2020 年底,我国脱贫攻坚战取得了全面胜利,即现行标准下 9899 万农村贫困人口全面脱贫,832 个贫困县全部摘帽,12.8 万个贫困村全部出列,区域性整体贫困得到解决,我国第一个百年奋斗目标得到实现。精准扶贫政策的落实和我国脱贫攻坚战的胜利离不开包括审计在内的国家治理体系的合力监督(审计署办公厅,2016)。国家审计监督是党和国家监督体系的重要组成部分,是对现有法律机制和市场机制的重要补充(刘家义,2012;李晓冬等,2020)。政策跟踪审计及其全覆盖是富有中国特色的审计创新工作方式(王平波,2013),其延伸了国家审计的功能,积极发挥了审计作为政策落实"督察员"和经济发展"助推器"的作用(王慧,2017;上海市审计学会课题组,2017)。精准扶贫作为国家重大政策之一,对其开展政策

---

① 《习近平赴湘西调研扶贫攻坚》,中国共产党新闻网,http://cpc.people.com.cn/n/2013/1104/c64094 – 23421342 – 8.html,2013 年 11 月。

② 《习近平:决胜全面建成小康社会 夺取新时代中国特色社会主义伟大胜利——在中国共产党第十九次全国代表大会上的报告》,新华网,http://www.xinhuanet.com//2017 – 10/27/c_1121867529.htm,2017 年 10 月。

跟踪审计，能提供改进扶贫资源配置、实现扶贫价值增值方面的决策参考（刘国城和黄崑，2019）。

然而，精准扶贫的客观需求和精准扶贫政策跟踪审计实践的迅速发展现状，特别是乡村振兴战略的全面部署要求，迫切需要加强政策跟踪审计在脱贫地区后续治理中的理论指导和制度规范。但现行理论主要针对精准扶贫审计的机理展开研究，即对精准扶贫审计的对象、内容、实施路径等开展研究（雷俊生，2018；吕劲松和黄崑，2018；李晓冬等，2020），其中，在精准扶贫审计对象方面，雷俊生（2018）指出扶贫审计对象包括扶贫办、运用扶贫资金、制定扶贫政策的相关部门及乡镇，例如，水利局、农业局、各级乡镇扶贫主管单位等；在精准扶贫审计内容方面，吕劲松和黄崑（2018）提出扶贫审计不应仅局限于检查扶贫资金是否合理使用、扶贫政策是否有效落实等，还应关注扶贫工作对农民生活满意度的提升效果等；在精准扶贫审计实施路径方面，李晓冬等（2020）认为需从前移审计关口，发挥精准扶贫政策跟踪审计预防功能、加强审计事中对政策落实情况等的揭示性监督、健全审计事后评价与问责机制、构建多元主体参与的精准扶贫绩效评估机制等方面优化精准扶贫政策跟踪审计实施路径。由上述精准扶贫审计实施路径可得，对其展开评价一方面能从审计监督视角获取政策实施的真实效果，另一方面能将审计评价结果转化为促进被审计单位依法规范运行的监督效能，切实提升扶贫成效。而当前对精准扶贫审计进行评价主要是通过构建评价体系展开，其中，刘国城和黄崑（2019）以扶贫目标为导向，从精准性、安全性和绩效性三个层面构建扶贫政策跟踪审计总体评价体系；刘博等（2019）从精准识别、精准施策、精准帮扶和精准脱贫四个维度构建精准扶贫绩效审计评价指标体系。纵观现有对精准扶贫审计评价体系的研究可知，针对该审计方式的评价体系研究仍较为缺乏，且尚未对精准扶贫政策跟踪审计评价体系进行整体性研究并以此为脱贫地区后续治理提供参考意见。为探索该问题，本文从"审计揭示"和"审计整改"这一双重视角出发，厘清基于该双重视角的精准扶贫政策跟踪审计评价体系构建流程，并以此构建相应的评价体系。同时，选取审计署精准扶贫案例加以应用。通过总结和归纳精准扶贫政策跟踪审计的实践经验，评价其实施效果，为当前乡村振兴战略部署中，政策跟踪审计如何在脱贫地区后续治理中发挥实效提供一定的借鉴意见，以保障乡村振兴战略的全面推进。

二、基于双重视角的精准扶贫政策跟踪审计评价体系构建流程

（一）基于双重视角的精准扶贫政策跟踪审计评价思路梳理

1. 精准扶贫政策跟踪审计推动"六个精准"的过程

国务院办公厅在出台的《建立精准扶贫工作机制实施方案》中提出精准扶贫工作应从精准识别、精准扶持、精准管理、精准考核四个方面展开。随后，《中共中央 国务院关于打赢脱贫攻坚战的决定》又将精准扶贫提升至新高度，提出了"六个精准"的基本要

求，即扶持对象精准、项目安排精准、资金使用精准、措施到户精准、因村派人精准、脱贫成效精准①。事实上，"六个精准"是扶贫工作四方面的进一步延伸，亦是扶贫工作的具体目标。其中，精准识别的目标是扶持对象精准，精准扶持的目标是使项目安排、资金使用、措施到户、因村派人等均到位；精准管理的目标是保障精准扶持工作的实现；精准考核的目标是倒逼精准识别、精准扶持和精准管理的落实；因而，通过实现上述四方面目标，共同推进精准扶贫，显著提高脱贫成效。

精准考核的主体由管理部门与审计机关组成。其中，管理部门实施的是管理权考核，即一方面通过制定精准扶贫政策为扶贫部门提供实践指引，另一方面监督精准扶贫政策实施的合理性、合法性和有效性。但该监督的独立性不强，一旦管理部门因自身行为存在问题或扶贫政策本身存在缺陷时，该考核作用会显著降低。而审计机关接受人民委托，实施独立的所有权监督，能对扶贫部门的运行进行检查，具有发现权力机构在责任履行、资源使用、运行机制等方面是否存在问题的作用（郑石桥等，2014），也具有推动权力机构整改问题的能力（廖义刚等，2008）。可见，国家审计是国家精准扶贫考核体系中不可缺少的组成部分。2016 年审计署制定了《扶贫审计意见》，建议从扶贫政策落实、重大违纪违法、扶贫资金使用、扶贫项目建设运营和扶贫体制机制等方面考核各部门精准扶贫效果。该意见具有审计揭示和审计整改两层含义，审计揭示是指审计机关通过实施必要的检查程序发现扶贫执行与管理中所存在的问题，包括扶贫政策落实问题、扶贫资金使用问题、扶贫项目建设运营问题、体制机制问题和重大违纪违法问题；审计整改是指审计机关跟踪检查扶贫问题的整改情况，即采取回访等手段，跟踪检查往年扶贫过程存在问题的执行部门和管理部门是否切实落实审计整改意见，对存在问题的资金、项目、政策、体制机制和违纪违法进行整改，继而倒逼扶贫工作真正落地（王帆和谢志华，2019）。

国家审计作为精准考核的重要部分，对脱贫成效精准与否具有双重监督功能，其路径如图 1 所示。一方面，国家审计通过审计揭示披露精准扶贫过程中存在的政策、资金、项目、体制机制、违纪违法等问题，并将上述问题反馈至精准扶贫执行部门与管理部门，以推断产生这些问题的原因，即是否与精准识别不到位、项目安排不恰当、资金使用不合理、措施到户不准确或因村派人未落实有关，进而要求这些部门合力整改上述问题；另一方面，国家审计通过审计整改再次跟踪检查精准扶贫执行部门与管理部门对以往所查出扶贫问题的整改情况，若这些部门存在未对审计已发现的问题进行整改的情况，审计机关可要求其持续整改并再次跟踪；相反，若这些部门对审计已发现的问题进行整改，则表明审计机关的精准扶贫监督取得了效果，推动了扶贫政策落实。最后，国家审计对扶贫工作进行审计揭示与审计整改，即一方面发现扶贫工作所存在的问题，另一方面跟踪检查审计对扶贫工作所提出的整改意见是否得到落实，以此实现囊括扶贫对象精准、

---

① 《中共中央 国务院关于打赢脱贫攻坚战的决定》，中国政府网，http://www.gov.cn/xinwen/2015-12/07/content_5020963.htm，2015 年 12 月。

项目安排精准、资金使用精准、措施到户精准、因村派人精准等在内的精准扶贫目标，进而精准提升脱贫成效。

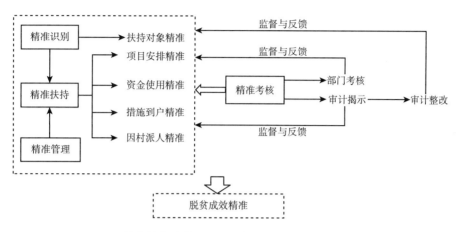

图1 精准扶贫政策跟踪审计推动"六个精准"的路径

2. 基于双重视角的精准扶贫政策跟踪审计评价指标构建思路

通过上文对精准扶贫政策跟踪审计推动"六个精准"的路径分析可知，国家审计主要通过审计揭示和审计整改两个方面来推动"六个精准"实现。其中，审计揭示是审计机关对精准扶贫政策实施效果进行的检查，主要通过对政策落实、资金使用、项目建设和运营等方面的检查来揭示问题。同时，审计机关还需进一步揭示相关的深层次问题，诸如精准扶贫执行部门与管理部门在资金使用、项目建设或政策执行过程中所产生的一些体制机制问题或违法违纪问题，而解决上述深层次问题才能使资金、项目及政策问题得到根本改善。审计整改是审计机关对发现问题的跟踪检查，即跟踪检查精准扶贫执行部门与管理部门是否对审计所查出的资金、项目、政策、体制机制与违法违纪问题进行了有效整改与处理。

显然，审计揭示与审计整改两方面存在耦合关系（如图2所示），即两者是一个耦合网络中的两面，且存在一一对应和互相影响的关系。首先，审计揭示的问题与审计整改的问题相对应，即审计揭示的问题包括资金使用问题、项目建设和运营问题、政策落实问题、体制机制问题和重大违纪违法问题，而相对应的审计整改则包括资金使用审计规范、项目建设和运营审计优化、政策落实审计纠正、体制机制审计完善和重大违纪违法审计查处。其次，审计揭示的问题若发生改变，相对应地，审计整改也将发生改变，即揭示何种问题，则该问题就会是审计整改重点检查的内容。例如，当审计发现资金使用问题的金额较大、问题较多时，审计将对资金使用问题提出更多的整改意见，而在审计整改阶段，审计机关将着重跟踪检查上述整改意见是否有效落实，使得资金使用风险得以降低，进而降低扶贫资金不合理使用的发生概率。再次，审计整改的变化，相应地，审计揭示的问题也将发生变化。例如，当扶贫部门在某年度大力整改了资金问题，就会对扶贫部门产生威慑作用，即若下次再出现资金问题还会被要求整改，并可能导致单位通报、处罚、涉事人员停职、降级或其他成本的发生。因而，当扶贫部门大力整改资金问题后，下次审计时所揭示的资金问题也会有所减少。最后，审计揭示与审计整改还存在一种特殊的耦合关系，这与"屡审屡犯"现象有关，即若扶贫部门不整改审计揭示的问题或扶贫部门整改后再次发生类似的问题。那么，一方面，审计机关在揭示过程中着重关注扶贫部门是否仍存在类似问题；另一方面，审计机关在整改阶段会着重跟踪检查这些问题，并通过公示、上报、移交、持续跟踪等手段来倒逼扶贫部门纠正这些问题。

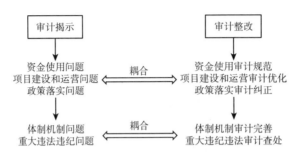

图2   基于双重视角的精准扶贫政策跟踪审计评价指标构建思路

（二）基于双重视角的精准扶贫政策跟踪审计评价体系构建

根据上文分析，基于双重视角的政策跟踪审计评价理论体系包括精准扶贫政策实施效果评价理论体系与审计机关精准扶贫监督绩效评价理论体系，且这两个体系间具有耦合关系，最终共同组成政府整体的精准扶贫绩效，即精准扶贫政策实施效果评价理论体系是评价扶贫单位的政策实施效果；审计机关精准扶贫监督绩效评价理论体系是评价审计监督对扶贫绩效的提升程度。

本文通过对我国重大政策措施落实情况跟踪审计中的精准扶贫内容进行统计分析，得出各扶贫单位在精准扶贫政策实施过程中存在扶贫资金问题、项目建设和运营问题、扶贫政策问题、体制机制问题和重大违纪违法问题。其中，扶贫资金问题主要包括扶贫资金闲置、未统筹使用资金、骗取或虚列扶贫资金、违规使用扶贫资金、超标或重复发放扶贫资金等；项目建设和运营问题主要包括项目无法或没有投入使用数量、项目未按规定招标数量、配套设备未到位数量、项目建造中存在问题数量、项目未开工或进展缓慢等；扶贫政策问题主要包括政策落实不到位、政策制定不合理、政策缺失或多余等；体制机制问题主要包括机构设置不合理、决策机制存在问题、执行机制存在问题、监督机制存在问题、协调机制存在问题等；重大违纪违法主要包括移交的人数、涉案资金、单位数、案件数等。

根据精准扶贫政策实施效果评价理论指标体系，本文设计了囊括资金使用审计规范、项目建设和运营审计优化、政策落实审计纠正、体制机制审计完善和重大违纪违法审计查处在内的审计机关精准扶贫监督绩效评价理论指标体系，且各体系间的指标均与前述体系中的问题一一对应。其中，资金使用审计规范包括盘活扶贫资金、归还与规范违规使用资金、统筹使用资金、返还骗取或虚列扶贫资金和收回超标或重复发放的补贴；项目建设和运营审计优化包括加速项目使用、追究相关责任人、增加配套设施、解决项目建造中存在问题和推动项目进展；政策落实审计纠正包括修订完善相关制度、重新落实政策和制定或减少相应政策；体制机制审计完善包括重新或加快执行扶贫工作、改善决策过程或制度、加强监督机制、组建专业机构和加强协调机制；重大违纪违法审计查处包括政府部门处理的人员、涉案资金、单位和案件。

三、研究设计

（一）评价模型构建

本文参考温素彬（2010）、黄溶冰（2013）的研究，运用变权层次分析法对审计署精准扶贫政策跟踪审计进行测度与评价。其原理为评价因素的权重会根据其状态值的变化而随之发生变化，使得权重能更好地体现因素在决策中的作用（李德清等，2004），即可以根据实际需要对某些因素进行"惩罚"或"激励"，同时也可以在因素之间进行均衡性处理。其主要步骤具体为：首先，将原始数据进行标准化处理，再利用层次分析法确定各指标及各准则层权重，其中针对准则层权重，按照等权原则确定。其次，将体系中各指标层的因素状态值定义为 $x_{ij}(i=1,2,3;j=1,2,\cdots,m)$ ，则其因素状态向量为 $X_i = (x_{i1},x_{i2},\cdots,x_{ij})$ ，同样，准则层的评价值定义为 $y_i(i=1,2,3)$ ，则其因素状态向量为 $Y=(y_1,y_2,y_3)$ 。需要特别指出的是：第一，对于相同准则层下的各指标，一旦出现指标值之间具有较大差异时，说明各因素状态值的均衡性较差，代表精准扶贫工作存在一定缺陷，因此，需选用惩罚型状态变权向量来修正这一结果，其指标层的状态变权向量和指标层的变权向量如公式（1）和公式（2）所示。第二，对于准则层也需进行变权处理，但准则层的处理原则与指标层相比存在一定差异，其中，针对精准扶贫政策实施效果评价指标体系中的各准则层，采用局部的惩罚型状态变权向量，一旦 y_1 低于一定水平时，给予惩罚，反之则既不"惩罚"也不"激励"（如公式3所示）；针对审计机关精准扶贫监督绩效评价指标体系中的各准则层，则采用混合型状态变权向量（如公式4所示）：若 y_2 或 y_3 低于一定水平，证明审计监督扶贫单位整改工作不到位，给予"惩罚"；若 y_2 或 y_3 高于一定水平，证明审计监督扶贫单位整改工作完成情况较好，给予"激励"；当 y_2 或 y_3 处于中间水平时，证明审计监督扶贫单位整改工作达到基本要求，既不"惩罚"也不"激励"，最终通过公式（5）获取准则层的变权向量 $W(Y)$ 。

$$S_{ij}(x_i) = e^{-\delta(x_{ij}-\bar{x_i})} \tag{1}$$

$$W_i(X) = \frac{(w_{i1}S_{i1}(x_i),\cdots,w_{im}S_{im}(x_i))}{\sum_{j=1}^{m}w_{ij}S_{ij}(x_i)} \tag{2}$$

$$S(y_1) = \begin{cases} e^{-(a-y_1)} & y_1 < a \\ 1 & y_1 \geqslant a \end{cases} \tag{3}$$

$$S(y_i) = \begin{cases} e^{-(a-y_i)} & y_i < a \\ 1 & a \leqslant y_i < b \quad i = 2,3 \\ e^{(y_i-b)} & y_i \geqslant b \end{cases} \tag{4}$$

$$W(Y) = \frac{(d_1 S(y_1), \cdots, d_3 S(y_3))}{\sum\limits_{i=1}^{3} d_i S_i(y)} \tag{5}$$

最后，分别利用上文得到的因素状态向量、指标层常权向量和准则层常权向量计算常权综合得分，利用因素状态向量、指标层变权向量和准则层变权向量计算变权综合得分。

（二）样本来源

国务院于 2015 年 11 月颁布了《关于打赢脱贫攻坚战的决定》，随后又于 2016 年颁布了《关于落实发展新理念加快农业现代化实现全面小康目标的若干意见》，上述政策均凸显精准扶贫实施的迫切性。为响应国家这一重大策略，审计署于 2016 ~ 2017 年发布了多份审计促进扶贫工作文件，用以指导精准扶贫政策跟踪审计工作的开展。为真实评价精准扶贫政策跟踪审计效果，本文选用审计署精准扶贫政策跟踪审计作为应用对象，且数据来源于审计署 2015 ~ 2019 年发布的精准扶贫政策跟踪审计报告（共24 份）。

（三）描述性统计

1. 审计署精准扶贫政策跟踪审计评价变权权重的描述性统计

审计署精准扶贫政策跟踪审计评价变权权重的描述性统计分析结果如表 1 所示。其中，在精准扶贫政策实施效果方面，各准则层变权权重的最大值介于 0.2000 ~ 0.2300，最小值介于 0.1300 ~ 0.2000，平均值介于 0.1800 ~ 0.2100；从标准差看，从小到大依次排列的体系分别为项目建设和运营体系、资金使用体系、政策落实体系、体制机制运行体系和重大违纪违法体系，其值分别为 0.0041、0.0080、0.0127、0.0149、0.0330。在审计署精准扶贫监督绩效方面，各准则层变权权重的最大值介于 0.2100 ~ 0.3000，最小值介于 0.1300 ~ 0.2000，平均值介于 0.1700 ~ 0.2200；从标准差看，从小到大依次排列的体系分别为政策落实审计纠正体系、资金使用审计规范体系、项目建设和运营审计优化体系、重大违纪违法审计查处体系和体制机制审计完善体系，其值分别为 0.0227、0.0388、0.0395、0.0409、0.0715。

表 1   **审计署精准扶贫政策跟踪审计评价变权权重的描述性统计**

准则层	最大值	最小值	平均值	标准差
精准扶贫政策实施效果				
资金使用体系	0.2061	0.1870	0.1983	0.0080
项目建设和运营体系	0.2086	0.2000	0.2032	0.0041
政策落实体系	0.2263	0.2000	0.2074	0.0127
体制机制运行体系	0.2263	0.1924	0.2047	0.0149
重大违纪违法体系	0.2086	0.1373	0.1865	0.0330
审计署精准扶贫监督绩效				
资金使用审计规范体系	0.2652	0.1760	0.2102	0.0388
项目建设和运营审计优化体系	0.2195	0.1332	0.1724	0.0395
政策落实审计纠正体系	0.2487	0.1935	0.2193	0.0227
体制机制审计完善体系	0.2956	0.1345	0.1915	0.0715
重大违纪违法审计查处体系	0.2588	0.1711	0.2067	0.0409

2. 审计署精准扶贫政策跟踪审计实施效果得分的描述性统计

审计署精准扶贫政策跟踪审计效果得分的描述性统计分析结果如表 2 所示。其中，在精准扶贫政策实施效果方面，各准则层得分的最大值介于 0.1900 ~ 0.2100，最小值介于 0.0000 ~ 0.0400，平均值介于 0.0800 ~ 0.1300；从标准差看，从大到小依次排列的体系分别为项目建设和运营体系、资金使用体系、重大违纪违法体系、体制机制运行体系和政策落实体系，其值分别为 0.0970、0.0945、0.0926、0.0771 和 0.0731。在审计署精准扶贫监督绩效方面，各准则层得分的最大值介于 0.0300 ~ 0.3000，最小值介于 0.0000 ~ 0.0200，平均值介于 0.0100 ~ 0.0800；从标准差看，从大到小依次排列的体系分别为体制机制审计完善体系、重大违纪违法审计查处体系、政策落实审计纠正体系、项目建设和运营审计优化体系和资金使用审计规范体系，其值分别为 0.1469、0.0791、0.0376、0.0219 和 0.0121。

表 2   **审计署精准扶贫政策跟踪审计实施效果得分的描述性统计**

准则层	最大值	最小值	平均值	标准差
精准扶贫政策实施效果				
资金使用体系	0.2000	0.0253	0.1073	0.0945
项目建设和运营体系	0.2000	0.0225	0.1104	0.0970
政策落实体系	0.1901	0.0350	0.0808	0.0731
体制机制运行体系	0.2000	0.0233	0.0884	0.0771
重大违纪违法体系	0.2086	0.0000	0.1278	0.0926

续表

准则层	最大值	最小值	平均值	标准差
精准扶贫政策实施效果				
审计署精准扶贫监督绩效				
资金使用审计规范体系	0.0375	0.0106	0.0197	0.0121
项目建设和运营审计优化体系	0.0453	0.0004	0.0202	0.0219
政策落实审计纠正体系	0.0845	0.0114	0.0467	0.0376
体制机制审计完善体系	0.2956	0.0000	0.0753	0.1469
重大违纪违法审计查处体系	0.1746	0.0014	0.0600	0.0791

（四）适当性检验

1. 效度检验

根据前文所构建的基于双重视角的精准扶贫政策跟踪审计评价指标理论体系，本文以上文选取的审计署 2015～2019 年发布的精准扶贫政策跟踪审计报告（共 24 份）为基础数据样本，从资金、项目、政策、体制机制和违纪违法五个方面出发整理数据。由于前文所构建的理论体系中的指标层首先需经过效度检验才能用于评价精准扶贫政策跟踪审计实施效果，而 KMO 检验是检验评价体系效度的方法之一（傅德印，2007）。因此，本文运用 SPSS 20.0 软件对上述体系内的指标进行 KMO 检验（抽样适合性检验），以此获取最适指标。

根据表 3 所示的 KMO 检验结果，所有准则层的 KMO 均大于 0.600，表明筛选后的指标均通过了 KMO 检验。其中，在精准扶贫政策实施效果评价指标体系中，资金使用体系删除了超标或重复发放扶贫资金额，项目建设和运营体系删除了配套设备未到位数量，体制机制运行体系删除了机构设置不合理数量和协调机制存在问题数量，重大违纪违法体系删除了审计移交的涉案资金；在审计机关精准扶贫监督绩效评价指标体系中，资金使用审计规范体系删除了收回超标或重复发放的补贴额，项目建设和运营审计优化体系删除了增加配套设施数量，体制机制审计完善体系删除了组建专业机构数量和加强协调机制的数量，重大违纪违法审计查处体系删除了政府部门处罚的涉案资金。最终得到如表 4 所示的基于双重视角的精准扶贫政策跟踪审计评价体系指标筛选结果。

表 3   KMO 检验结果

精准扶贫政策实施效果评价指标体系				
准则层	资金使用体系	项目建设和运营体系	政策落实体系	体制机制运行体系	重大违纪违法体系
KMO	0.639	0.604	0.627	0.616	0.746
审计机关精准扶贫监督绩效评价指标体系				
准则层	资金使用审计规范体系	项目建设和运营审计优化体系	政策落实审计纠正体系	体制机制审计完善体系	重大违纪违法审计查处体系
KMO	0.672	0.605	0.615	0.611	0.702

表 4　　　　基于双重视角的精准扶贫政策跟踪审计评价体系指标筛选结果

精准扶贫政策实施效果评价指标体系		审计机关精准扶贫监督绩效评价指标体系	
准则层	指标层	准则层	指标层
资金使用体系	扶贫资金闲置金额	资金使用审计规范体系	盘活扶贫资金额
	违规使用扶贫资金额		归还与规范违规使用资金额
	未统筹使用资金额		统筹使用资金额
	骗取或虚列扶贫资金额		返还骗取或虚列扶贫资金额
项目建设和运营体系	项目无法或没有投入使用的数量	项目建设和运营审计优化体系	加速项目使用的数量
	项目未按规定招标的数量		追究相关责任人的数量
	项目建造中存在问题的数量		解决项目建造中存在问题的数量
	项目未开工或进展缓慢的数量		推动项目进展的数量
政策落实体系	政策制定不合理的数量	政策落实审计纠正体系	修订完善相关制度的数量
	政策落实不到位的数量		重新落实政策的数量
	政策缺失或多余的数量		制定或减少相应政策的数量
体制机制运行体系	执行机制存在问题的数量	体制机制审计完善体系	重新或加快执行扶贫工作的数量
	决策机制存在问题的数量		改善决策过程或制度的数量
	监督机制存在问题的数量		加强监督机制的数量
重大违纪违法体系	审计移交的人数	重大违纪违法审计查处体系	政府部门处理的人员
	审计移交的单位数		政府部门处理的单位
	审计移交的案件数		政府部门处理的案件

2. 信度检验

本文基于上述所筛选指标构建相应的调查问卷，向了解和研究精准扶贫审计的高校学者、审计机关审计人员等发放问卷共82份，回收有效问卷共35份，回收问卷有效率为42.68%。因所选的高校专家是研究政策跟踪审计、扶贫审计的教授、学者，审计机关审计人员是曾经参与过精准扶贫审计的主审，则问卷结果具有很强的代表性。将回收的问卷结果进行汇总整理和一致性检验，结果表明每份问卷均通过一致性检验。并在此基础上，将每份问卷得到的结果进行算数平均处理，对处理后的各项结果再进行一致性检验，即通过 CR 检验（CI 为一致性指标，CR 为一致性比率），得到如表 5 所示的基于双重视角的精准扶贫政策跟踪审计评价体系信度分析数据。结果表明，精准扶贫政策实施效果评价指标体系和审计机关精准扶贫监督绩效评价指标体系中的各准则层均通过一致性检验（$CR < 0.1$）。

表5　　　　　　　　　　　基于双重视角的精准扶贫政策跟踪审计评价体系信度分析

精准扶贫政策实施效果评价指标体系

准则层	资金使用体系	项目建设和运营体系	政策落实体系	体制机制运行体系	重大违纪违法体系
CI	0.0296	0.0253	0.0004	0.0012	0.0000
CR	0.0344	0.0294	0.0008	0.0022	0.0001

审计机关精准扶贫监督绩效评价指标体系

准则层	资金使用审计规范体系	项目建设和运营审计优化体系	政策落实审计纠正体系	体制机制审计完善体系	重大违纪违法审计查处体系
CI	0.0535	0.0048	0.0011	0.0007	0.0093
CR	0.0619	0.0056	0.0020	0.0013	0.0179

3. 耦合度检验

为检验基于双重视角的精准扶贫政策跟踪审计评价体系中各子系统间的协调发展程度，本文通过构建"精准扶贫政策实施效果—审计机关精准扶贫监督绩效"系统的耦合度模型和耦合协调度模型来评价二者之间的契合程度，即一方面考虑二者在不同时间刻度下的耦合情况，另一方面还需考虑某一时间刻度下的协调程度，以此评价动态耦合程度。本文基于前文所选取的精准扶贫数据，测算各子系统间的耦合程度，得到如表6所示的基于双重视角的精准扶贫政策跟踪审计评价体系耦合分析数据。参考魏金义和祁春节（2015）的耦合度和耦合协调度判别标准可得，其一，本文所选对象的耦合度 C 值均大于0.800，达到高水平耦合阶段；其二，最终计算得到的耦合协调度 D 值均大于0.500，达到协调。可见，精准扶贫政策实施效果和审计机关精准扶贫监督绩效这两个系统间存在较强的耦合关系，即精准扶贫政策实施效果与审计机关精准扶贫监督绩效间存在相互反馈、相互调节的情况，审计机关精准扶贫监督绩效评价体系可帮助监督精准扶贫政策实施效果。同样，精准扶贫政策实施效果评价体系也能反映审计机关的精准扶贫监督绩效，继而通过交互变化呈现协调有序发展。

表6　　　　　　　　　基于双重视角的精准扶贫政策跟踪审计评价体系耦合分析

年份	耦合度 C 值	协调指数 T 值	耦合协调度 D 值	情况	耦合协调程度
2015	0.989	0.604	0.773	＞0.500	协调
2016	0.927	0.555	0.717	＞0.500	协调
2017	0.998	0.434	0.658	＞0.500	协调
2018	0.978	0.438	0.654	＞0.500	协调
2019	0.816	0.467	0.617	＞0.500	协调

四、研究结果

（一）权重分析

通过向在精准扶贫审计方面有过深入研究或实践的专家、实务人员发放调查问卷，并进行一致性检验，在确保通过检验的基础上，计算得到如表7所示的基于双重视角的精准扶贫政策跟踪审计评价体系常权结果。该常权结果指的是各准则层之间或在某一准则层内各指标层之间的重要性程度，即从专家视角来确定某一准则层相较其他准则层或某一指标相较其他指标而言出现风险的概率和产生后果的严重程度。其中，在准则层方面，经专家协商达成一致意见，各准则层赋予相同的权重，即0.2000；在指标层方面，体系内的各指标根据其重要性水平呈现一定差异，即重要性水平越高，指标权重越大，反之亦然。

表7　　　　　基于双重视角的精准扶贫政策跟踪审计评价体系常权结果

精准扶贫政策实施效果评价指标体系				审计机关精准扶贫监督绩效评价指标体系			
准则层	权重	指标层	权重	准则层	权重	指标层	权重
资金使用体系	0.2000	扶贫资金闲置金额	0.2538	资金使用审计规范体系	0.2000	盘活扶贫资金额	0.2882
		违规使用扶贫资金额	0.4965			归还与规范违规使用资金额	0.4413
		未统筹使用资金额	0.1157			统筹使用资金额	0.1172
		骗取或虚列扶贫资金额	0.1340			返还骗取或虚列扶贫资金额	0.1533
项目建设和运营体系	0.2000	项目无法或没有投入使用的数量	0.3913	项目建设和运营审计优化体系	0.2000	加速项目使用的数量	0.3705
		项目未按规定招标的数量	0.0673			追究相关责任人的数量	0.0666
		项目建造中存在问题的数量	0.1584			解决项目建造中存在问题的数量	0.1456
		项目未开工或进展缓慢的数量	0.3830			推动项目进展的数量	0.4173
政策落实体系	0.2000	政策制定不合理的数量	0.2893	政策落实审计纠正体系	0.2000	修订完善相关制度的数量	0.2546
		政策落实不到位的数量	0.2812			重新落实政策的数量	0.3266
		政策缺失或多余的数量	0.4295			制定或减少相应政策的数量	0.4188

续表

精准扶贫政策实施效果评价指标体系				审计机关精准扶贫监督绩效评价指标体系			
准则层	权重	指标层	权重	准则层	权重	指标层	权重
体制机制运行体系	0.2000	执行机制存在问题的数量	0.2637	体制机制审计完善体系	0.2000	重新或加快执行扶贫工作的数量	0.2751
		决策机制存在问题的数量	0.2621			改善决策过程或制度的数量	0.2763
		监督机制存在问题的数量	0.4742			加强监督机制的数量	0.4486
重大违纪违法体系	0.2000	审计移交的人数	0.3045	重大违纪违法审计查处体系	0.2000	政府部门处理的人员	0.3432
		审计移交的单位数	0.3886			政府部门处理的单位	0.3507
		审计移交的案件数	0.3069			政府部门处理的案件	0.3061

　　在变权层面，本文在考虑基数的情况下，采用各指标的增长率作为评价指标，具体算法为（后一年指标 – 前一年指标）÷前一年指标。随后，将计算精准扶贫绩效的指标进行逆向处理，即指标基础数值越低，扶贫绩效越好；而审计监督绩效的指标进行正向处理，即指标基础数值越高，审计监督绩效越好。将处理过后的数值代入前文所构建的评价模型中，采用对指标层数值应用惩罚型状态变权向量公式，对精准扶贫政策实施效果评价指标体系中的各准则层采用局部的惩罚型状态变权向量公式，对审计机关精准扶贫监督绩效评价指标体系中的各准则层则采用混合型状态变权向量公式，其中，参考黄溶冰（2013）中的参数选择，将公式（1）中的 δ 取值为 2，将公式（3）和公式（4）中的 a 和 b 分别取值为 0.5 和 0.8。最终得到如表 8 和表 9 所示的精准扶贫政策实施效果变权权重和审计机关精准扶贫监督绩效评价变权权重。该变权权重是基于前述常权权重，并引入审计署精准扶贫政策跟踪审计的真实数据所得到的，结合了专家视角和真实数据视角，使得权重确定更贴近真实情况。其中，在精准扶贫政策实施效果变权权重（表 8）中，2016~2017 年的准则层权重发生变化，其余年份的准则层权重未发生改变，而各年份的指标权重经变权处理后均发生一定改变；在审计机关精准扶贫监督绩效变权权重（表 9）中，各年的准则层权重和指标层权重经变权处理后均发生一定改变。

表 8　　　　　　　　　　　　　　**精准扶贫政策实施效果变权权重**

准则层	2016 年	2017 年	2018 年	2019 年	指标层	2016 年	2017 年	2018 年	2019 年
资金使用体系	0.1870	0.2061	0.2000	0.2000	扶贫资金闲置金额	0.3675	0.1071	0.2612	0.2218
					违规使用扶贫资金额	0.1720	0.8305	0.4672	0.5002
					未统筹使用资金额	0.2023	0.0274	0.1459	0.1221
					骗取或虚列扶贫资金额	0.2582	0.0350	0.1257	0.1559
项目建设和运营体系	0.2086	0.2040	0.2000	0.2000	项目无法或没有投入使用的数量	0.7089	0.1118	0.3800	0.3784
					项目未按规定招标的数量	0.1339	0.0161	0.0719	0.0642
					项目建造中存在问题的数量	0.0433	0.2709	0.1702	0.1530
					项目未开工或进展缓慢的数量	0.1139	0.6012	0.3779	0.4044
政策落实体系	0.2034	0.2263	0.2000	0.2000	政策制定不合理的数量	0.0992	0.7299	0.1019	0.3195
					政策落实不到位的数量	0.5531	0.1589	0.0747	0.3207
					政策缺失或多余的数量	0.3477	0.1112	0.8234	0.3598
体制机制运行体系	0.1924	0.2263	0.2000	0.2000	执行机制存在问题的数量	0.0962	0.1517	0.2035	0.6154
					决策机制存在问题的数量	0.0634	0.6584	0.2777	0.1538
					监督机制存在问题的数量	0.8404	0.1899	0.5188	0.2308
重大违纪违法体系	0.2086	0.1373	0.2000	0.2000	审计移交的人数	0.3307	0.3307	0.2773	0.2814
					审计移交的单位数	0.3629	0.3629	0.4163	0.4128
					审计移交的案件数	0.3064	0.3064	0.3064	0.3058

表 9　　　　　　　　　　　　　**审计机关精准扶贫监督绩效变权权重**

准则层	2016 年	2017 年	2018 年	2019 年	指标层	2016 年	2017 年	2018 年	2019 年
资金使用审计规范体系	0.1924	0.2070	0.1760	0.2652	盘活扶贫资金额	0.3639	0.3562	0.3149	0.0586
					归还与规范违规使用资金额	0.5573	0.0738	0.4882	0.6627
					统筹使用资金额	0.0200	0.1449	0.1281	0.1760
					返还骗取或虚列扶贫资金额	0.0588	0.4251	0.0748	0.1027

续表

准则层	2016 年	2017 年	2018 年	2019 年	指标层	2016 年	2017 年	2018 年	2019 年
项目建设和运营审计优化体系	0.1473	0.2195	0.1897	0.1332	加速项目使用的数量	0.3447	0.7938	0.0889	0.3446
					追究相关责任人的数量	0.0583	0.0201	0.1229	0.0608
					解决项目建造中存在问题的数量	0.2072	0.0646	0.0770	0.1940
					推动项目进展的数量	0.3898	0.1215	0.7112	0.4006
政策落实审计纠正体系	0.1935	0.2195	0.2155	0.2487	修订完善相关制度的数量	0.0352	0.5942	0.3090	0.2620
					重新落实政策的数量	0.5017	0.2358	0.0807	0.4800
					制定或减少相应政策的数量	0.4631	0.1700	0.6103	0.2580
体制机制审计完善体系	0.2956	0.1345	0.1601	0.1757	重新或加快执行扶贫工作的数量	0.2706	0.2725	0.2864	0.2706
					改善决策过程或制度的数量	0.2878	0.2785	0.2521	0.2878
					加强监督机制的数量	0.4416	0.4490	0.4615	0.4416
重大违纪违法审计查处体系	0.1711	0.2195	0.2588	0.1772	政府部门处理的人员	0.3951	0.1012	0.5848	0.3203
					政府部门处理的单位	0.1747	0.7615	0.1960	0.3131
					政府部门处理的案件	0.4302	0.1373	0.2192	0.3666

（二）得分分析

1. 精准扶贫实施效果评价体系得分分析

如表 10 所示，经过变权处理后的精准扶贫政策实施效果得分排名并未发生变化，但其数值在不同程度上有所下降。具体而言，在常权得分方面，第一，各准则对各年份综合得分的贡献程度有所不同，即单项得分占总得分的比重存在差异。其中，2016 年中重大违纪违法体系得分占比最大；2017 年中政策落实体系和体制机制运行体系得分占比分列一二位；2018 年中项目建设和运营体系和体制机制运行体系得分占比最大；2019 年中各准则层的贡献程度相差不多，体制机制运行体系得分占比相对较低。第二，不同年份间的同一准则层得分变化趋势有所差异。其中，资金使用体系得分逐年升高，项目建设和运营体系得分先下降后上升再下降，政策落实体系得分先上升后下降再上升，体制机制运行体系先上升后下降，重大违纪违法体系先下降后上升。

表 10 精准扶贫政策实施效果评价体系得分

年份	2016	2017	2018	2019
指标体系常权得分				
资金使用体系	0.0781	0.0813	0.1785	0.2000
项目建设和运营体系	0.1013	0.0792	0.2000	0.1889
政策落实体系	0.0950	0.1209	0.1133	0.1912
体制机制运行体系	0.0838	0.1191	0.2000	0.1354
重大违纪违法体系	0.2000	0.0000	0.1227	0.1815
综合	0.5582	0.4005	0.8144	0.8970
排名	3	4	2	1
指标体系变权得分				
资金使用体系	0.0253	0.0265	0.1775	0.2000
项目建设和运营体系	0.0307	0.0225	0.2000	0.1886
政策落实体系	0.0508	0.0475	0.0350	0.1901
体制机制运行体系	0.0233	0.0600	0.2000	0.0703
重大违纪违法体系	0.2086	0.0000	0.1218	0.1809
综合	0.3387	0.1565	0.7343	0.8299
排名	3	4	2	1
常权变权得分变动				
资金使用体系（%）	−67.61	−67.40	−0.56	—
项目建设和运营体系（%）	−69.69	−71.59	—	−0.16
政策落实体系（%）	−46.53	−60.71	−69.11	−0.58
体制机制运行体系（%）	−72.20	−49.62	—	−48.08
重大违纪违法体系（%）	4.30	—	−0.73	−0.33

在变权方面，总体而言，通过变权处理后，各年份中各准则层的得分均呈不同程度的上升或下降，其中，得分变动较为明显的是 2016 年，在该年，除重大违纪违法体系的得分上升外，其他体系的得分均有所下降，特别是体制机制运行体系，其得分下降幅度最大，为 −72.20%。究其原因，是因为 2016 年监督机制存在问题的数量较 2015 年出现了较大程度的增长，在引入变权层次分析法后，该真实数据对原有监督机制存在问题的常权权重影响较大，使得在权重分配中，监督机制存在问题的变权权重占比较大，但得分是权重与因素状态向量相乘的结果，对于精准扶贫实施效果评价体系中的指标而言，其指标为逆向处理，即指标基础数值越低，扶贫绩效越好，监督机制存在问题数出现一定程度增加必然会使其因素状态向量较其他指标而言是较低的。在变权得分计算中，各

指标因素状态向量是保持不变的，而监督机制存在问题的变权权重相较其他指标出现明显上升，使得最后得到的体制机制运行体系变权得分出现大幅度下降，即变权层次分析法对该体系给予了"惩罚"。而随着精准扶贫工作进入了冲刺阶段，各级部门在精准扶贫工作方面已积累了丰富的经验，因此，在 2019 年中，通过变权处理后，各准则层得分的变化幅度整体上相对低于其他年份，其中，体制机制运行体系得分下降幅度最大，为−48.08%；项目建设和运营体系、政策落实体系和重大违纪违法体系得分略微有所下降，分别为−0.16%、−0.58%和−0.33%，而资金使用体系得分则无变化。

2. 审计署精准扶贫监督绩效评价体系得分分析

如表 11 所示，经过变权处理后的审计署精准扶贫监督绩效得分排名发生改变，且其数值也呈不同程度的下降。具体而言，在常权得分方面，第一，各准则对各年份综合得分的贡献程度有所不同。其中，2016 年中体制机制审计完善体系得分占比最大；2017 年中政策落实审计纠正体系、项目建设和运营审计优化体系和重大违纪违法审计查处体系得分占比分列一二三位；2018 年中重大违纪违法审计查处体系得分占比最大；2019 年中资金使用审计规范体系得分占比最大。第二，不同年份间的同一准则层得分变化趋势有所差异。其中，资金使用审计规范体系得分先上升后下降再上升，项目建设和运营审计优化体系得分先上升后下降，政策落实审计纠正体系得分先上升后下降再上升，体制机制审计完善体系得分先下降后上升再下降，重大违纪违法审计查处体系得分先上升后下降。

表 11   审计署精准扶贫监督绩效评价体系得分

年份	2016	2017	2018	2019
指标体系常权得分				
资金使用审计规范体系	0.0541	0.0883	0.0248	0.0824
项目建设和运营审计优化体系	0.0007	0.1259	0.0997	0.0047
政策落实审计纠正体系	0.0552	0.1394	0.0653	0.0695
体制机制审计完善体系	0.2000	0.0020	0.0058	0.0000
重大违纪违法审计查处体系	0.0307	0.1245	0.1619	0.0018
综合得分	0.3407	0.4801	0.3575	0.1583
排名	3	1	2	4
指标体系变权得分				
资金使用审计规范体系	0.0152	0.0153	0.0106	0.0375
项目建设和运营审计优化体系	0.0004	0.0453	0.0318	0.0033
政策落实审计纠正体系	0.0114	0.0845	0.0174	0.0735
体制机制审计完善体系	0.2956	0.0014	0.0043	0.0000

续表

年份	2016	2017	2018	2019
重大违纪违法审计查处体系	0.0141	0.0497	0.1746	0.0014
综合得分	0.3368	0.1961	0.2387	0.1158
排名	1	3	2	4
常权变权得分变动				
资金使用审计规范体系（%）	−71.90	−82.67	−57.26	−54.49
项目建设和运营审计优化体系（%）	−42.86	−64.02	−68.10	−29.79
政策落实审计纠正体系（%）	−79.35	−39.38	−73.35	5.76
体制机制审计完善体系（%）	47.80	−30.00	−25.86	—
重大违纪违法审计查处体系（%）	−54.07	−60.08	7.84	−22.22

在变权方面，总体而言，通过变权处理后，各年份中各准则层的得分均呈不同程度的上升和下降，其中，得分变动较为明显的是 2016 年，在该年中，政策落实审计纠正体系得分下降幅度最大，为 −79.35%。究其原因，是因为 2016 年重新落实政策数量较 2015 年出现了较大程度的减少，在引入变权层次分析法后，该真实数据对原有重新落实政策数量的常权权重影响较大，使得在权重分配中，重新落实政策数量的变权权重占比较大，但得分是权重与因素状态向量相乘的结果，对于审计署精准扶贫监督绩效评价体系中的指标而言，其指标为正向处理，即指标基础数值越高，审计监督绩效越好，重新落实政策数量出现较大程度减少必然会使其因素状态向量较其他指标而言较低。在变权得分计算中，各指标因素状态向量是保持不变的，而重新落实政策数量的变权权重相较其他指标出现明显上升，使得最后得到的政策落实审计纠正体系变权得分出现大幅度下降，即变权层次分析法对该体系给予了"惩罚"。而随着精准扶贫政策跟踪审计工作的不断深入，审计机关已积累了丰富的精准扶贫政策跟踪审计经验，因此，2019 年的各准则层常权得分经变权处理后，变化幅度明显小于往年。其中，资金使用审计规范体系得分下降幅度较大，为 −54.49%；项目建设和运营审计优化体系和重大违纪违法审计查处体系得分下降幅度次之，分别为 −29.79% 和 −22.22%；体制机制审计完善体系得分无变化，而政策落实审计纠正体系得分则上升 5.76%。

3. 审计署精准扶贫政策跟踪审计实施效果综合得分分析

为综合分析精准扶贫政策实施效果和审计署精准扶贫监督绩效，本文将前述各年份的各准则层得分相加汇总得到表 12 的审计署精准扶贫政策跟踪审计实施效果综合得分，并依此表绘制精准扶贫政策实施效果常变权得分和审计署精准扶贫监督绩效常变权得分（如图 3 和图 4 所示），以此更为直观地描述审计署精准扶贫政策跟踪审计实施效果。

表 12   审计署精准扶贫政策跟踪审计实施效果综合得分

年份	2016	2017	2018	2019
精准扶贫政策实施效果综合得分				
常权综合得分	0.5582	0.4005	0.8144	0.8970
变权综合得分	0.3387	0.1565	0.7343	0.8299
变动比较	−39.32%	−60.92%	−9.84%	−7.48%
审计署精准扶贫监督绩效综合得分				
年份	2016	2017	2018	2019
常权综合得分	0.3407	0.4801	0.3575	0.1583
变权综合得分	0.3368	0.1961	0.2387	0.1158
得分变动	−1.14%	−59.15%	−33.23%	−26.85%

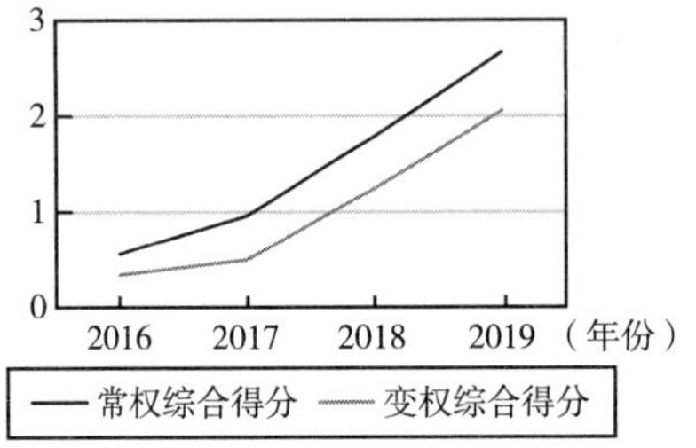

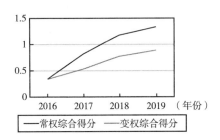

图 3   精准扶贫政策实施效果常变权综合得分

图 4   审计署精准扶贫监督绩效常变权综合得分

如表 12 所示，在精准扶贫政策实施效果综合得分方面，其常权综合得分最高的年份是 2019 年，为 0.8970，得分最低的年份是 2017 年，为 0.4005，其常权综合得分变化趋势为先下降后上升；而其变权综合得分最高的年份也是 2019 年，为 0.8299，得分最低的年份是 2017 年，为 0.1565，变化趋势与常权综合得分一致。在审计署精准扶贫监督综合得分方面，其常权综合得分最高的年份是 2017 年，为 0.4801，得分最低的年份是 2019 年，为 0.1583，其常权综合得分变化趋势为先上升后下降；而其变权综合得分最高的年份是 2016 年，为 0.3368，得分最低的年份是 2019 年，为 0.1158，其变化趋势为先下降后上升再下降，与常权变化趋势略有差异。再者，通过其常变权前后得分变动可得，精准扶贫政策实施效果综合得分在2017年的常变权得分变动最大，为-60.92%，而审计署精准扶贫监督绩效综合得分也同在2017年的常变权得分变动最大，为-59.15%。这说明，本文采用变权处理对专家打分法所获取的精准扶贫政策跟踪审计实施效果准则层及指标层的权重进行适当修正是有效的，使得获取的得分更贴近真实情况。

此外，将表12的常权综合得分和变权综合得分按年份进行累加得到图3和图4所示的精准扶贫政策实施效果常变权综合得分和审计署精准扶贫监督绩效常变权综合得分。以精准扶贫政策实施效果常权综合得分为例，上文所阐述的累加含义为当前年度得分加上往年得分，从而反映其政策实施效果增长情况，与前文利用增长率作为评价基准相一致，即2016年相较2015年增加了0.5582，2017年相较2015年增加了0.9587，2018年相较2015年增加了1.7731，2019年相较2015年增加了2.6721。另外三组得分同理。由图3和图4的得分趋势可见，随着精准扶贫工作的不断深入，精准扶贫政策实施效果不断提升，且评价当年精准扶贫政策实施效果较上年提升幅度有所上升；而在精准扶贫审计监督绩效方面，随着精准扶贫工作的不断深入，审计机关越能把握如何更好地开展精准扶贫政策跟踪审计工作，其督促整改效果愈发明显，其监督绩效逐年提升。

五、研究结论与展望

我国将精准扶贫作为国家基本方略，其在扶贫工作中所提出的战略和措施是具有借鉴意义的。2020年末，我国脱贫攻坚战取得全面胜利，宣告我国将进入全面部署乡村振兴战略的时期。脱贫攻坚战的胜利离不开包括审计在内的国家治理体系的合力监督，而如何评价审计监督对精准扶贫工作的提升效果并将该经验延续至乡村振兴战略中是当前亟待解决的问题，因而，构建精准扶贫政策跟踪审计评价体系并加以应用是具有重大意义的。本文首先对精准扶贫政策跟踪审计评价体系构建流程进行梳理，并基于审计揭示和审计整改双重视角，从资金、项目、政策、体制机制和重大违纪违法五个方面构建囊括精准扶贫政策实施效果评价理论指标体系和审计机关精准扶贫监督绩效评价理论指标体系在内的基于双重视角的精准扶贫政策跟踪审计评价体系。随后，采用KMO检验和一致性检验对指标体系进行效度和信度检验，并对筛选后的指标体系进行耦合度检验，以验证双体系间耦合协调。最后，引入变权层次分析法，测算审计署精准扶贫政策跟踪审计实施效果。结果发现，第一，随着精准扶贫工作的不断深入，精准扶贫政策实施效果不断提升，且评价当年精准扶贫政策实施效果较上年提升幅度有所上升；第二，随着精准扶贫工作的不断深入，审计机关越能把握如何更好地开展精准扶贫政策跟踪审计工作，其督促整改效果愈发明显，进而使监督绩效逐年提升。

尽管2020年末我国已实现全面脱贫，但脱贫只是我国反贫困的第一步，下一步应是防止返贫，这样才能持续巩固脱贫成果。国家审计是监督脱贫成效的重要阵地，通过本文测算的精准扶贫政策跟踪审计效果来看，的确起到了促进扶贫工作落实的作用。在未来，国家审计将继续在防返贫实践中发挥监督作用。因此，本文提出以下研究展望：第一，未来需根据防返贫具体审计项目优化评价流程，对存在差异的部分进行相应调整，以适应防返贫审计评价的需要。第二，未来需根据防返贫审计实践修正评价体系。本文是基于精准扶贫阶段所构建的评价体系，为应对防返贫审计中的差异，需进一步修正本文已建立的评价指标体系，进而为推动防返贫工作奠定基础。例如，针对防返贫项目这一指标，应加入防返贫项目使用效益、防返贫项目目标实现比例等指标，以解决防返贫项目目标无法实现政策要求的问题。第三，未来需采用多种评价方法来评价防返贫审计实施效果。本文采用变权层次分析法进行评价，未来可在此基础上融入其他的评价方法，例如，将变权层次分析法与改进后的熵值法相结合。

参考文献

[1] 傅德印. 因子分析统计检验体系的探讨 [J]. 统计研究，2007 (6)：86 - 90.

[2] 黄溶冰. 党政领导干部经济责任审计的层次变权综合评价模型——基于科学发展观的视角 [J]. 审计研究，2013 (5)：53 - 59.

[3] 雷俊生. 基于国家审计的精准扶贫保障机制研究 [J]. 学术论坛，2018，41 (5)：103 - 110.

[4] 李德清，崔红梅，李洪兴. 基于层次变权的多因素决策 [J]. 系统工程学报，2004 (3)：258 - 263.

[5] 李晓冬，马元驹，南星恒，普天星. 精准扶贫政策落实跟踪审计：理论基础、实践困境与路径优化——基于审计结果公告文本分析的证据 [J]. 理论月刊，2020 (8)：51 - 63.

[6] 廖义刚，韩洪灵，陈汉文. 政府审计之职能与特征：国家理论视角的解说 [J]. 会计研究，2008 (2)：86 - 92，96.

[7] 刘博，单珊，金静. 精准扶贫绩效审计评价指标体系的构建与分析——以安徽省为例 [J]. 河北科技大学学报 (社会科学版)，2019，19 (2)：15 - 21.

[8] 刘国城，黄崑. 扶贫政策跟踪审计机制研究 [J]. 审计研究，2019 (3)：11 - 19.

[9] 刘家义. 论国家治理与国家审计 [J]. 中国社会科学，2012 (6)：60 - 72，206.

[10] 吕劲松，黄崑. 乡村振兴战略背景下扶贫审计创新研究 [J]. 审计研究，2018 (4)：12 - 17.

[11] 上海市审计学会课题组. 政策措施落实情况跟踪审计实务研究 [J]. 审计研究，2017 (3)：12 - 18.

[12] 审计署办公厅. 关于进一步加强扶贫审计促进精准扶贫精准脱贫政策落实的意见 [EB/OL]. http://www.gov.cn/xinwen/2016 - 05/28/content_5077640. htm. 2016 - 05 - 28.

[13] 王帆，谢志华. 政策跟踪审计理论框架研究 [J]. 审计研究，2019 (3)：3 - 10.

[14] 王高贺. 精准扶贫思想内涵深刻 [N]. 中国社会科学报，2016 - 11 - 24 (001).

[15] 王慧. 政策措施落实情况跟踪审计理论与实务研究综述 [J]. 审计研究，2017 (2)：21 - 24.

[16] 王平波. 我国政策执行跟踪审计基本问题研究 [J]. 财政研究，2013 (2)：16 - 18.

[17] 魏金义，祁春节. 农业技术进步与要素禀赋的耦合协调度测算 [J]. 中国人口·资源与环境，2015，25 (1)：90 - 96.

[18] 温素彬. 企业三重绩效的层次变权综合评价模型——基于可持续发展战略的视角 [J]. 会计研究，2010 (12)：82 - 87.

[19] 郑石桥，徐孝轩，宋皓杰. 国家审计治理指数研究 [J]. 南京审计学院学报，2014，11 (1)：89 - 96.

我国外债风险形成的管理体制原因及审计监督研究[*]

王叙果　何暑子　隋学深[**]

摘　要　近年来，我国外债快速增长且短期外债占比持续偏高，金融机构尤其非金融企业通过海外分支举债规模大，债券形式占比高，可能带来短期偿债压力大、货币错配等潜在风险，加剧国际金融动荡向国内传导，也给国内降杠杆率、防范化解金融风险的宏观调控增加干扰。本文认为造成这种现状的重要原因在于目前的外债管理体制及相关政策存在的漏洞及欠缺，主要表现为央行、外管局、发改委等主导的外债多头监管体制下，各部门监管政策、数据信息未能充分协调；企业通过海外分支发债后借用监管漏洞、豁免项回流国内，形成监管套利。在中美摩擦持续、我国金融业加速对外开放的背景下，为了防范和减少外债风险，有必要全面梳理当前外债监管体制和政策，有效发挥审计监督功能来堵塞制度漏洞，保障国家对外金融安全。

关键词　外债风险　外债管理体制　审计监督

Research on the Management System and Audit Supervision of the Formation of China's Foreign Debt Risk

Wang Xuguo[1]　　He Shuzi[1]　　Sui Xueshen[2]

1. School of Finance, Nanjing Audit University
2. Audit Research Institute, National Audit Office

Abstract：In recent years, China's foreign debt is growing rapidly, and the proportion of short-term foreign debt is high. Financial institutions, especially non-financial enterprises, have

---

　*　基金项目：南京审计大学国家审计研究院课题《跨境短期资本流动风险的审计监督研究》（20XSJB07）的阶段性成果。

　**　作者简介：王叙果（1967—），女，安徽安庆人，南京审计大学金融学院教授、硕导，经济学博士，主要研究方向为跨境资本流动和债务风险管理；何暑子（1984—），女，江苏江阴人，南京审计大学金融学院讲师，经济学博士，主要研究方向为货币金融、国际经济；隋学深（1974—），男，辽宁东港人，审计署审计科研所金融处处长，研究员，经济学博士，主要研究方向为货币政策、外汇风险等。

a large scale of borrowing through overseas branches. Besides，bonds account for a relatively high proportion of foreign debt. This characteristics may bring potential risks such as high short-term debt repayment pressure and currency mismatch. It will also aggravate the transmission of international financial turmoil to domestic economy，and interfere with the domestic macro-control of reducing leverage-ratio and preventing financial risks. This paper holds that the main reasons for this status quo lies in the loopholes and deficiencies in the current foreign debt management system and related policies. For example，under the foreign debt supervision system led by the Central Bank，the State Administration of Foreign Exchange and the National Development and Reform Commission，the regulatory policies and data information of various departments have not been fully coordinated. After issuing bonds through overseas branches，enterprises transfer funds to China through regulatory loopholes，leading to regulatory arbitrage. In the context of continued Sino-US friction and the accelerated opening up of China's financial industry，in order to prevent and reduce foreign debt risks，it is necessary to comprehensively review the current foreign debt supervision system and policies，effectively exert the audit supervision function to plug system loopholes and ensure the China's external financial security.

Keywords：foreign debt risk；foreign debt management system；audit supervision

一、引　言

近些年尤其是新冠肺炎疫情暴发以来，以美国为首的发达国家实行宽松的货币政策导致国际金融市场流动性过剩、美元融资成本走低；与此同时，自 2016 年以来，国内压降杠杆率、防范化解金融风险的一系列监管政策导致融资条件收紧，迫使一些企业机构转向海外举债以满足资金需求。为了稳定国际收支和外汇储备，相关部委以"扩流入、控流出"为导向，推动外债管理便利化改革，希望充分利用国际国内两个市场，降低融资成本、分散风险。在内外因素交错作用下，我国外债大幅增长，尤其是非金融企业大量举借外债。

随着我国加快金融领域对外开放，外资跨境流动渠道更加多元，外债来源及规模迅速增加，外债风险也进一步加剧。因此，有必要认真审视我国当前外债状况、潜在风险，从审计视角去分析外债监管体制存在的问题，提出相关政策建议加以完善，防范和化解外债风险。

二、我国外债规模结构及潜在风险分析

（一）外债快速增长，短期外债占比高

根据国家外汇管理局（以下简称"外管局"）全口径外债数据（如图 1 所示），2010

年前我国外债规模处于较低水平，且基本保持相对稳定；之后开始增长，尤其是 2013 年之后大幅增长，且增速波动较大；2015 年下半年至 2016 年，由于人民币贬值预期较强，短期资本外流，我国外债增速也出现大幅下降；在国际金融环境、国内监管政策多重因素影响下，2017 年开始外债增速有所回升；2020 年在疫情冲击下，一方面市场主体普遍资金紧张；另一方面以美国为首的各国大幅宽松货币政策，导致我国外债增幅较大，截至 2020 年底外债余额达到 24008 亿美元，比 2019 年增长 16%。从期限结构来看，截至 2020 年底我国短期外债占比 54.8%，远高于世界平均水平。考虑到目前外管局按签约期限划分中长期和短期外债，如果按照剩余期限划分，则短期外债规模会更高，短期还债及展期压力较大。

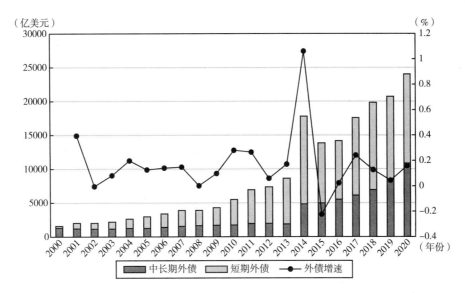

图 1　2000~2020 年我国外债规模与期限结构

资料来源：国家外汇管理局官网，https：//www.safe.gov.cn/。

（二）外债主体多元化，但以企业海外分支举债多

从举债主体看，商业银行一直是重要的举债部门，近年来，非银行金融机构以及非金融企业举债呈上升态势。尤其值得关注的是企业通过海外分支举债大幅增长，成为外债的显著特色，也是国内外专家重点关注的潜在风险来源。

图 2 和图 3 分别从跨境银行业务、国际债券市场两方面反映了外债举债部门结构的变化趋势。

跨境银行业务方面（如图 2 所示），根据国际清算银行（BIS）数据，截至 2020 年第 3 季度，银行举借外债比重最高，占比为 58%；非金融企业举债大幅增长，占比为 32%；非银行金融机构占比 5% 也呈上升态势。

国际债券业务方面（如图 3 所示），根据 BIS 数据，截至 2020 年底的国际债券余额中，银行举债占比 29%；其他金融机构占比 16%；非金融企业占比高达 52%，且主要通过海外分支举借。

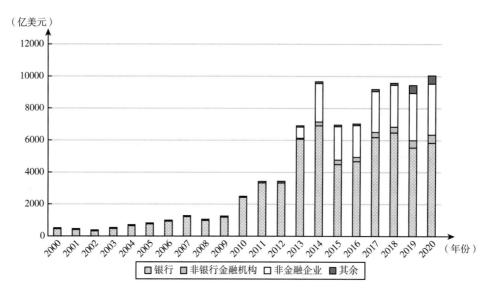

图 2　境外银行对我国各部门债权

资料来源：国际清算银行官网，www.bis.org／。

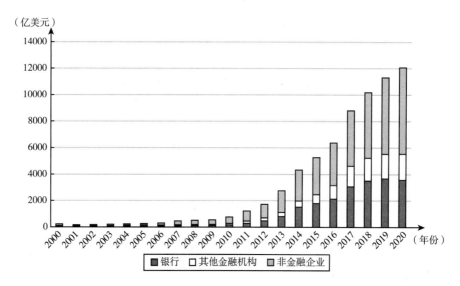

图 3　国民原则下各部门国际债券余额

资料来源：国际清算银行官网，www.bis.org／。

（三）外债形式主要以发行债券为主，不同统计原则下债券规模差异巨大

目前对于外债的统计，国际上有两种口径，即国民原则和居民原则。居民原则按照企业机构所在地进行统计，而国民原则按照母公司所在地进行统计。国民原则相当于在居民原则基础上剔除了外资在境内分支机构的外债，增加了国内金融机构、企业的海外分支举借的外债（陈国宁等，2018）。

以国际债券数据为例：根据 BIS 数据（如图 4 所示），2020 年底，我国未偿付国际债

券余额，居民原则下为 2407 亿美元；而国民原则口径下为 12459 亿美元，是居民原则下的 5.2 倍。居民原则和国民原则口径差异主要是由于我国企业、机构通过海外分支以国际债券的形式大量举借外债。当前我国外管局主要依据居民原则统计外债数据，未包含海外分支的外债，但其最终偿债压力可能转嫁给国内母公司，因而潜在风险值得关注。

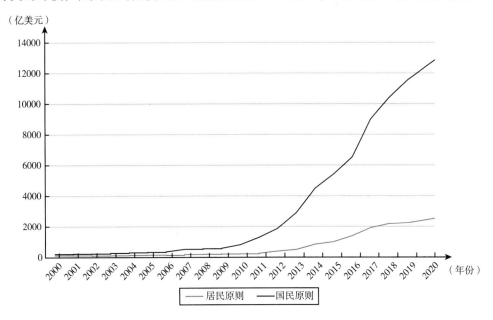

图 4　国际债券规模：居民原则与国民原则对比

资料来源：国际清算银行官网，www.bis.org/。

（四）当前我国外债潜在风险

目前我国外债的突出特点是金融机构尤其非金融企业的海外分支举债规模大，债券形式占比高（葛奇，2017），短期外债占比高。这些特点不同于以往的债务危机，但已引起国际机构和国内学者的关注，其潜在风险在于：

一是货币错配风险。如果海外分支将通过外债筹集的资金用于海外运营，获得外币收入以偿付本息，不会产生太大的错配风险；相反，如果所筹集资金主要转借给母公司进行国内周转或者投资，则可能造成较严重的货币错配风险。

二是集中偿债导致人民币贬值风险。我国短期外债占比一直偏高，短期偿债及展期压力较大。若外债集中到期，或国际国内政策环境变化导致资金流向逆转，则可能出现资金集中外流、外汇储备大幅下降，给人民币汇率带来较大贬值压力。

三是国际债券市场比信贷更容易出现大幅动荡。国际债券市场比银行信贷受到的政府监管更少，投资者对融资企业的监督也更弱，受心理预期等非理性因素影响更大，更容易剧烈波动。

四是增加国际冲击对国内传导。经举借外债筹集的资金通过各种渠道进入国内银行、金融体系，可能影响国内信贷金融周期，增加国内金融体系对外部冲击的敏感性，同时也给国内宏观调控、压降杠杆率增加新的变数，影响国内货币政策的独立性和有效性。

此外，过度依赖香港特区等离岸金融中心举借外债，渠道集中，容易受到境外恶意投机力量的攻击，也给美国干预施压提供了抓手。香港是中资企业首选的离岸金融中心，也是外资进入境内在岸市场的重要通道。目前中资企业通过香港举借外债占离岸债券发行总量的比重在 60% 以上，其中金融和房地产行业占比较高。与此同时，我国内地金融机构在香港金融体系中的比重也在不断提升。这种情况下，香港地区金融动荡可能对我国内地产生影响和传导。

三、我国外债风险的管理体制及政策原因分析

造成以上现状及风险的原因可能是多方面的，但从审计监管的角度看，首先要分析目前的外债管理制度政策方面是否存在问题，剖析外债风险发生的制度体制原因，从根本上堵塞制度政策漏洞，才能有效防范和化解外债风险。

（一）多头监管，监管范畴交叉，发债主体选择有利于自身的规则进行规避

1. 监管主体多元化，监管政策多样化

当前我国外债管理主体涉及三个主管部门，即国家外管局、国家发改委、中国人民银行。外债管理的主要依据是以下三个政策文件：国家外管局发布的《外债登记管理办法》以及作为其附件的《外债登记管理操作指引》、国家发改委发布的《关于推进企业发行外债备案登记制管理改革的通知》、中国人民银行发布的《关于全口径跨境融资宏观审慎管理有关事宜的通知》。

从政策导向来看，简化业务流程、为企业境外融资以及为人民币兑换提供更多便利是改革的主要方向。但各部门改革进程缺乏协调，容易滋生监管漏洞和造成真空。具体将在下文详述。

2. 我国当前外债管理体制是人民银行"全口径"外债与发改委事前备案制"中长债"并行

一方面，根据人民银行的规定：中国人民银行对 27 家银行类金融机构跨境融资进行宏观审慎管理；国家外汇管理局对企业和除 27 家银行类金融机构以外的其他金融机构跨境融资进行管理，并对企业（非金融企业，且不包括政府融资平台和房地产企业）和金融机构进行全口径跨境融资统计监测。另一方面，根据 2017 年 5 月国家外管局网站发布的《全口径跨境融资宏观审慎管理政策问答（第一期）》境内机构经其他外债管理部门（例如，发改委）批准逐笔借用外债的，可以按相关部门批准的签约金额办理外债签约备案（登记）。这就意味着如果通过发改委事前备案模式借用中长期外债的，外管局可以凭借发改委出具的备案表办理外债登记。

发改委针对中长期外债的便利化改革和试点使大量企业机构得以规避央行监管，削弱了央行"全口径"的约束力（邓翔平，2017）。尤其是地方政府融资平台、房地产企业利用发改委的便利化改革大量举借外债，直至 2018～2019 年才引起监管部门重视。发改

委和财政部通过约谈、问责、加强管控等方式加强对两类主体海外融资限制，但相关处置和规定具有应急性质，缺乏具有前瞻性的长效制度安排。

3. 针对外资金融机构，同样存在并行的两种外债管理方案

一方面，根据人民银行的规定，为外资金融机构设置一年过渡期，过渡期结束后，外资金融机构自动适用本通知模式；另一方面，发改委继续开放外资银行的中长期外债指标审批，根据经济金融形势需要，进一步扩大外资银行境外融资外债规模，促进跨境融资便利化。同样，发改委针对外资金融机构跨境融资的便利化和宽松政策导向使央行针对此类机构的全口径宏观审慎监管未能落实。

4. 针对跨国公司，跨境资金集中运营管理目前存在央行、外管局两种管理模式

央行主导的"跨境人民币资金集中运营"和外管局主导的"跨境资金集中运营"两种模式间存在监管重叠和真空（贺立，2019）。

央行政策主要针对跨国企业集团的境内外成员企业之间进行跨境人民币资金集中运营管理。人民银行对跨国企业集团跨境双向人民币资金池业务实行上限管理：跨境人民币资金净流入额上限＝资金池应计所有者权益×宏观审慎政策系数，宏观审慎政策系数值为0.5；跨境人民币资金净流出额暂不设限。

外管局政策将人民币资金纳入跨境资金集中运营体系。跨国公司外债集中额度≤ $\sum$ 主办企业及参与集中的境内成员企业上年末经审计的所有者权益×跨境融资杠杆率×宏观审慎调节参数。初始时期，跨境融资杠杆率为2，宏观审慎调节参数为1。跨国公司境外放款集中额度≤ $\sum$ 主办企业及参与集中的境内成员企业上年末经审计的所有者权益×境外放款杠杆率×宏观审慎调节参数。初始时期，境外放款杠杆率为0.3，宏观审慎调节参数为1。

总体上，外管局的规定对资金融入限额相对较高，而央行对跨境人民币资金净流出额暂不设限。如果跨国公司同时利用央行和外管局两个额度进行跨境资金融通，可能增加跨境资金套利空间和风险。

（二）内外资区别对待引发监管套利

当前，外资企业跨境融资仍可以在"投注差"模式与宏观审慎模式之间进行选择。宏观审慎模式的依据是央行《关于全口径跨境融资宏观审慎管理有关事宜的通知》，企业跨境融资风险加权余额上限为净资产的2倍；"投注差"模式的依据是外管局《外债登记管理办法》及其附件，外商投资企业实际可借用外债额度等于外方股东资本金到位比例乘以"投注差"。

现实中，外资企业以及部分特殊类型的外商投资企业（例如，外商投资租赁公司、外商投资性公司等）往往选择外管局的管理办法（吴晋勇，2018），所获得的外债额度高于全口径额度。我国企业的海外分支举借外债后也大量通过设立外商投资企业、借道外商投资租赁公司等方式回流境内（彭晋，2016）以规避监管。

（三）登记备案流程复杂矛盾，给企业带来不便

目前企业举借外债登记管理相关文件具体规定如下：

外管局《外债登记管理办法》及其附件规定，除财政部门、银行以外的其他境内债务人，应当在外债合同签约后 15 个工作日内，到所在地外汇局办理外债签约登记手续。

发改委规定企业发行外债，须事前向国家发改委申请办理备案登记手续，并在每期发行结束后 10 个工作日内，向国家发改委报送发行信息。国家发改委在收到备案登记申请后 5 个工作日决定是否予以受理，自受理之日起 7 个工作日内，在外债总规模限额内出具《企业发行外债备案登记证明》。

人民银行规定，企业应当在跨境融资合同签约后但不晚于提款前 3 个工作日，向国家外管局的资本项目信息系统办理跨境融资情况签约备案。

从上面三个文件看，外管局、人民银行、发改委的文件各自规定外债登记备案程序，缺乏协调。事先备案带有"审批"意味；且备案登记流程需占用时间、能否成功备案存在不确定性，都可能阻碍企业海外发债顺利推进。这与"便利"企业海外发债的初衷背道而驰，也一定程度上助长了企业利用海外分支发债以规避监管的行为。

（四）外债数据在全面真实、动态更新频率等方面无法满足风险管控需求

当前我国外债数据主要来自企业、银行等机构自主登记备案。根据央行相关规定，企业应每年及时更新跨境融资以及权益相关的信息（包括境外债权人、借款期限、金额、利率和自身净资产等）。例如，经审计的净资产，融资合同中涉及的境外债权人、借款期限、金额、利率等发生变化的，企业应及时办理备案变更。这种登记更新频率及方式难以适应国际市场环境变化，不利于风险评估。尤其是对于外债展期、逾期、清偿注销等事项的登记备案缺乏明确的规定或者缺乏有力的制约机制。一些企业借入短期外债之后频繁展期或者逾期不还，在一定程度上导致我国短期外债占比偏高，也造成期限错配等潜在风险。

此外，海外分支发债缺乏严格监管和准确统计，风险可能被低估。目前外管局、央行文件主要针对境内企业机构，发改委中长期外债备案涵盖了境外企业或分支机构中长期外债，但现实中缺乏行之有效的监督制约机制。建议在评估现实可行性的基础上，明确海外分支外债统计监测方法。

（五）央行全口径宏观审慎监管的相关规定削弱了宏观审慎框架的约束力

目前央行全口径宏观审慎监管对银行等金融机构外债业务大幅豁免，使宏观审慎框架的约束力被削弱；设置统一的参数因子，无法体现不同类型银行差异，也未能体现逆周期调控思路。

一方面，过多的豁免项削弱了对外债的监控和调控力度。银保监会规定以下业务类型不

纳入跨境融资风险加权余额计算：（1）被动负债；（2）贸易信贷、贸易融资；（3）集团内部资金往来；（4）境外同业存放、拆借、联行及附属机构往来；（5）自用熊猫债；（6）转让与减免。此外，金融机构向客户提供的内保外贷按 20% 纳入跨境融资风险加权余额计算。豁免幅度较大，隐含风险：国际上多次债务危机案例表明，金融机构的错配风险是危机爆发传导的核心环节，银保监会将大部分原先需占用银行全口径额度的项目给予豁免，实际纳入规模管理的内保外贷占用额度也缩减为 20%，极大削弱了宏观审慎框架对银行跨境融资的约束力。集团内部资金往来可能成为热钱出入的隐蔽通道。近来，外资大量流入我国债券市场（被动负债），应当警惕资金大进大出对国内金融市场的冲击和传导。因此，建议对豁免项目进行风险评估和缩减。

另一方面，相关参数因子设置还较为简单，无法体现不同类型银行的差异，逆周期调控举措有待进一步完善。目前关于不同主体和类型的跨境融资风险加权余额的计算，中国人民银行有明确规定。跨境融资风险加权余额 = $\sum$ 本外币跨境融资余额 × 期限风险转换因子 × 类别风险转换因子 + $\sum$ 外币跨境融资余额 × 汇率风险折算因子。期限风险转换因子：还款期限在 1 年（不含）以上的中长期跨境融资的期限风险转换因子为 1，还款期限在 1 年（含）以下的短期跨境融资的期限风险转换因子为 1.5。类别风险转换因子：表内融资的类别风险转换因子设定为 1，表外融资（或有负债）的类别风险转换因子暂定为 1。汇率风险折算因子为 0.5。

而关于跨境融资风险加权余额上限也有如下规定：跨境融资风险加权余额上限 = 资本或净资产 × 跨境融资杠杆率 × 宏观审慎调节参数。跨境融资杠杆率：企业为 2，非银行法人金融机构为 1，银行类法人金融机构和外国银行境内分行为 0.8。宏观审慎调节参数为 1。

四、审计发挥外债风险管理职能，促进外债管理体制改革完善的建议

本文对我国当前外债规模结构进行分析，发现金融机构、尤其非金融企业的海外分支举债规模大，债券形式占比高，可能存在货币错配等风险。本文认为造成这种现状的主要原因在于我国现行的外债管理体制和政策方面存在诸多不足。建议加强顶层设计，以宏观审慎管理为抓手，梳理完善当前外债监管体制和政策；简化外债监管流程，更多利用价格型工具调节外债规模、防控外债风险。

（一）促进央行、外管局和发改委等部门之间管理政策一致性，建立信息资源共享机制

在当前多头监管体制下容易滋生监管套利、信息数据无法反映真实风险。建议加强央行、外管局、发改委等部门的政策协调（陈军等，2018），各部门政策应在强监管、防风险和便利化之间进行权衡，充分沟通协调基础上稳步推进。堵塞制度漏洞，对多头监

管权限重叠领域明确监管主体、统一口径标准。同时，充分利用网络信息技术简化企业登记备案流程，在监管部门之间建立更加规范科学的信息沟通和数据共享机制。在此基础上研究完善全口径逆周期宏观审慎的监管框架。

（二）促进内外资企业监管政策缩小差距，避免监管套利

目前对外资企业的外债额度高于内资企业，且对部分外资金融机构的监管较为宽松，引起监管套利。建议在现行规则下宜加强外资背景审核，减少内资假借外商名义规避监管；从根源上应缩小内外资监管差异，削减监管套利空间；尤其应加强对部分特殊类型的外商投资企业（例如，外商投资租赁公司、外商投资性公司等）的监管。

（三）建议由外管局负责统一优化流程，促进外债发行更加便利

当前，外管局、人民银行、发改委的文件各自规定外债登记备案程序，缺乏协调。事先备案带有"审批"意味；且备案登记流程需占用时间、能否成功备案存在不确定性，都可能阻碍企业海外发债顺利推进。这与"便利"企业海外发债的初衷背道而驰，也一定程度上助长企业利用海外分支发债以规避监管的行为。考虑到国家外管局负责全口径外债的统计监测并定期公布外债情况，建议由外管局制定统一的登记备案程序。

（四）促进外管局多渠道汇集外债数据、多维度分析，全面监测评估外债风险

当前外管局的全口径外债数据与 BIS 等国际机构组织的数据在一些项目上差距较大，可能引起公众对外管局数据真实性的质疑，成为国际敌对势力煽动恐慌情绪的抓手。如上文所述，目前外管局提供的债券数据与 BIS 国际债券口径存在较大差距：BIS 国民原则 > 外管局全口径 > BIS 居民原则。根据外管局的《中国外债统计数据诠释文件》，外管局应根据需要，与 BIS 发布的外债数据进行比较分析，研究差异存在的原因。因此，建议外管局主动与国际组织及国际数据提供商合作，多渠道汇集外债信息，基于多种口径进行交叉验证，有利于尽早发现企业机构套利趋势、评估和防范潜在风险。

（五）促进央行完善全口径宏观审慎监管，缩减豁免项目、细化参数设置

目前央行全口径宏观审慎监管对银行等金融机构外债业务大幅豁免，使宏观审慎框架的约束力被削弱；设置统一的参数因子无法体现不同类型银行差异，也未能体现逆周期调控思路。建议对豁免项目隐含的风险进行再评估，调整缩减豁免项目；同时，细化参数设置（周静，2017）、明确逆周期调控思路。对跨境融资利率畸高畸低等异常情况加强管控，并借鉴他国经验，更多地通过无息准备金、托宾税等价格型工具进行调控（平晓冬等，2016；葛奇，2017）。

（六）在加强数据和风险监测、完善监管框架的基础上，适当促进跨境融资渠道多元化分散化，降低地缘局势动荡的影响

当前我国跨境融资过多依赖香港离岸中心。在过去的国际金融动荡中，香港在一定程度上扮演了防火墙的角色。然而随着我国内地金融机构和企业在香港金融体系中的比重上升，香港也可能成为国际金融动荡向境内传导的重要渠道。在当前的情况下，应加强对香港资金外流的监测，发现潜在风险，模拟极端冲击情景，制定应对策略。

从长远来看，加大境内金融业对外开放程度、设立自由贸易区等举措有利于跨境融资渠道多元化、分散化，增加恶意投机难度，但也对金融监管提出了更高要求。我国金融业及资本账户对外开放应当建立在监管框架完备、数据和风险监测及时到位、利率和汇率市场化改革深入推进的基础上。

参考文献

[1] 陈国宁，刘炜，曹姝贤，陈吟野．基于国民原则完善境内机构境外发债统计与管理的研究［J］．金融纵横，2018（12）：32-39.

[2] 陈军，侯军强，郭文峰，李小梅．我国全口径跨境融资宏观审慎管理问题研究［J］．西部金融，2018（6）：25-29.

[3] 邓翊平．全口径跨境融资宏观审慎管理政策探析［J］．青海金融，2017（2）：58-60.

[4] 葛奇．宏观审慎管理政策和资本管制措施在新兴市场国家跨境资本流出入管理中的应用及其效果——兼析中国在资本账户自由化过程中面临的资本流动管理政策选择［J］．国际金融研究，2017（3）：3-14.

[5] 贺立．跨国公司跨境资金集中运营本外币一体化管理研究［J］．海南金融，2019（6）：80-87.

[6] 彭晋．"全口径"下的外债资金回流［J］．中国外汇，2016（22）：14-16.

[7] 平晓冬，赵文兴，彭英．宏观审慎的跨境资金流动调节工具选择和设计［J］．金融发展研究，2016（4）：59-63.

[8] 吴晋勇．完善外资租赁公司外债宏观审慎管理的探讨［J］．福建金融，2018（10）：61-64.

[9] 周静．全口径跨境融资宏观审慎管理政策实施中存在问题及政策建议［J］．河北金融，2017（6）：40-41.

国家重大政策措施贯彻落实内部跟踪审计框架与路径研究[*]

——基于内部审计的视角

周敏李　陈　骏　陈嘉雯^{**}

摘　要　2018年国家重大政策措施贯彻落实情况正式纳入内部审计职责范围，要求内部审计将推动党中央、国务院重大决策部署在本部门本单位的有效落实作为首要职责，这对内部审计事业提出了新的挑战。本文从多维需求视角分析了各单位贯彻国家重大政策措施的外生与内生需求，构建了国家重大政策措施贯彻落实内部跟踪审计理论框架，提出了国家重大政策措施贯彻落实内部跟踪审计实施路径。此研究对于各内审机构探索开展国家重大政策措施贯彻落实内部跟踪审计具有较强的现实指导意义。

关键词　内部审计　政策跟踪审计　国家重大政策措施贯彻落实　审计框架审计路径

Research on Framework of Internal Follow-up Audit of Major National Policies and Measures
—Based on the Perspective of Internal Audit

Zhou Minli, Chen Jun, Chen Jiawen

School of Government Audit, Nanjing Audit University

Abstract: Since 2018, the implementation of major national policies and measures have been officially included in the scope of internal audit responsibilities. It is required that internal

＊　基金项目：南京审计大学国家审计研究课题资助"内部审计促进国家重大政策措施落实研究"（20XSJB08）。

＊＊　作者简介：周敏李（1985—），男，江苏沭阳人，南京审计大学政府审计学院副教授，管理学博士，主要研究方向为内部审计、审计基础理论；陈骏（1978—），男，江苏泰州人，南京审计大学政府审计学院教授，管理学博士，主要研究方向为国家治理与国家审计；陈嘉雯（1998—），女，江苏泰州人，南京审计大学政府审计学院硕士研究生，主要研究方向为内部审计。

audit take promoting the effective implementation of major decisions deployed by the Party Central Committee and the State Council in its own organizations and units as its primary responsibility, which poses new challenges to internal audit. The endogenous needs of each organization to conduct the internal follow-up audit of major national policies and measures are analyzed from the perspective of multi-dimensional needs, the theoretical framework of internal follow-up audit of major national policies and measures is constructed, and the implementation paths of internal follow-up audit of major national policies and measures are put forward. This research will have strong practical guiding significance for internal audit institutions to explore and carry out internal follow-up audit of major national policies and measures.

Keywords: internal audit; policy follow-up audit; implementation of major national policies and measures; audit framework; audit path

一、问题的提出

为实现国家治理体系与治理能力的现代化，党和国家对于审计工作的重视程度与日俱增，内部审计的职责范围进一步扩充，其重要程度亦愈发凸显。2018 年 3 月，中华人民共和国审计署令第 11 号《审计署关于内部审计工作的规定》中明确规定，内部审计应该履行对本单位及所属单位贯彻落实国家重大政策措施情况进行审计的职责。2019 年 4 月，审计署办公厅发布了《2019 年度内部审计工作指导意见》，明确指出内部审计工作应当坚持将推动党中央、国务院重大决策部署在本部门本单位的有效落实作为首要职责，促进本部门本单位工作目标与国家宏观政策目标的有机统一。这就要求内部审计充分发挥其功能及作用，加强内审独立客观地对国家重大政策措施贯彻落实情况进行监督、评价与建议的功能，从而推动单位完善治理。面对新时期、新目标和新任务，内部审计工作职责增加了新的内容，也意味着内部审计职业迎来了新的挑战。当前内部审计领域迫切需要厘清国家重大政策措施内部跟踪审计与国家审计所开展的重大政策措施跟踪审计的区别与联系，探索内部审计促进本单位贯彻落实国家重大政策措施的路径，探讨开展国家重大政策措施贯彻落实内部跟踪审计过程中存在的方法与难点。

二、国家重大政策措施贯彻落实内部跟踪审计的需求驱动分析

（一）外生需求驱动分析

1. 实现国家治理现代化的必然需要

国家治理现代化包括国家治理体系现代化和国家治理能力现代化。国家治理体系指一系列制度和程序，用来约束社会权利运行以及维护公共秩序，而国家治理能力是运用国家制度体系和其他要素管理社会各方面事物的能力。新时代我国在政治、经济、文化、

社会、生态文明等方面提出了新要求，制定了新政策，以全面实现国家治理现代化。国家重大政策措施贯彻落实内部跟踪审计能够有效地跟踪各部门各单位是否按照国家重大政策措施的要求制订了可行方案，实施过程是否落实了重大政策在政治、经济、文化、社会、生态文明等方面作出的要求，是否跟紧政策的脚步作出及时调整，确保政策变动的及时落实。如果存在重大政策落实有误的情况，督促其进行及时整改，并对整改结果进行再监督，确保相关重大政策措施在各单位各领域得到精准执行，从而促进国家治理体系和治理能力的现代化。

总体来说，国家治理现代化的实现需要依靠各单位治理体系与治理能力的完善，而国家重大政策措施贯彻落实内部跟踪审计能够实现对单位内部贯彻落实这些重大政策措施的情况进行跟踪审查，以保证单位内部的各部门各领域按照国家及单位重大政策措施要求开展工作，完善单位内部治理体系，提升单位内部治理能力，为国家治理现代化的实现提供支撑基础（蔡春等，2016）。

2. 促进国家审计监督作用的有效发挥

国家审计是审计体系的重要组成部分，也是监督体系中的重要力量（冯树武，2012）。国家审计通过对国家机关、行政事业单位和国有企业执行预算及财务收支情况与会计资料进行审查、监督，其强制性和权威性能够促使被审计单位对所存在的问题进行整改，以此达到国家审计监督的效果。习近平总书记在中央审计委员会第一次会议上指出，"要加强对内部审计工作的指导和监督，调动内部审计和社会审计的力量，增强审计监督合力"[①]。国家审计对于国家重大政策措施跟踪审计主要侧重于事后监督，而作为内部审计，国家重大政策措施贯彻落实内部跟踪审计恰好弥补了国家审计在事前和事中监督中的短板，更好地完善了国家审计的监督作用。针对国家在各领域所制定的重大政策，国家重大政策措施贯彻落实内部跟踪审计不仅对于重大政策措施的执行环节进行审计，也会对本单位对重大政策措施的理解、决策、落地等环节进行审计，同时还会对重大政策措施贯彻落实中的问题整改进行督促，实现对重大政策措施的全方位跟踪监督，从而更有效地推动国家重大政策在本单位的精准贯彻落实，有效实现审计的全覆盖。

因此，国家重大政策措施贯彻落实内部跟踪审计能够更好地帮助国家审计在事前预防、事中控制和事后跟踪整改时发挥审计监督作用，实现国家重大政策措施贯彻落实的全过程监督。

3. 保障经济高质量发展的重要环节

目前，我国经济已从高速增长阶段转向高质量发展阶段。实现经济高质量发展就需要更加经济、高效、环保的资源配置和经济结构，在保证质量的前提下，使生产方式更加高效率、高效益。针对国家对于经济高质量发展所做出的一系列规划举措，审计作为国家监督和治理体系的重要力量，需要对这些重大举措的落实和执行情况进一步跟踪，以确保其得到有效的贯彻落实，内部审计应当及时发现并指出未能落实或落实有误的重

---

① 引自审计署办公厅印发的《2019 年度内部审计工作指导意见》。

大举措，同时要求该单位有关部门及人员进行及时整改纠偏，以确保国家重大政策措施在本单位的贯彻落实效果，从而助力国家经济的高质量发展。

国家重大政策措施贯彻落实内部跟踪审计通过对本单位的资金管理和资源配置等问题开展审计，重点关注本单位参与国家重点项目及涉及重点发展领域的业务，从源头上监督资金资源的拨付、分配、使用和管理过程，最大限度上减少单位内部资金资源分配不合理以及被挪用、贪污的情况，保证本单位经济资源的充分利用，提高经济资源的配置效率及使用效率。同时，通过要求重点领域或行业开展内部跟踪审计，及时跟踪国家面向重点行业的重大风险防范措施的落实情况与效果，切实防范经济发展中的重大风险。例如，对各类金融企业开展重大风险防范政策措施贯彻落实的内部跟踪审计，加强对各下属单位债权股权（尤其是涉外投资）的监督，以防范全球性经济波动对我国经济带来的巨大影响，从而保障国民经济的高质量发展。

因此，国家重大政策措施贯彻落实内部跟踪审计能够有效监督经济资源的配置和利用情况，及时发现并控制经济运行中存在的重大风险，是保障我国经济实现高质量发展的重要一环。

（二）内生需求驱动分析

1. 促进单位规范经营管理

在我国经济快速发展的当下，市场的竞争愈加激烈，企业在市场生存的压力也逐渐增大，与此同时，人民群众对于优质产品、优质服务及优质企业的要求也不断提高，而能够促进企业发展壮大、提升企业实力的一个重要途径就是提升企业的经营管理水平。企业只有拥有卓越的经营管理能力，及时改善管理模式及调整发展方向，才能在世界经济全球化的发展潮流中站稳脚跟，更快地适应如今市场上的激烈竞争。但是当今的企业大部分都存在制度规范不完善、人力资源政策欠合理等问题。为解决这一系列问题，各类企事业单位必须要有一套科学、完善的管理体系，规范和约束单位的各项生产经营管理活动，它是各项管理工作的基础，也是持续发展的保证。

国家重大政策措施贯彻落实内部跟踪审计可以从制度上进一步规范生产经营活动，促进单位规范化管理的进程。国家颁布重大政策措施后，各单位必须要以科学的态度贯彻落实国家重大政策措施，根据新政策措施进一步强化制度建设，组织梳理并完善各类规章制度，重新明确单位层面的制度要求，以此完善单位管理制度体系及内部治理结构，从而实现各项制度和国家重大政策措施之间有序且紧密的衔接。此外，要对国家重大政策措施贯彻落实过程中出现的各种新情况、新问题及时进行归纳总结，将涉及重要事项的政策规定进一步细化，让生产、经营、管理等各领域的工作与职责都有据可循，使制度具有更强的可操作性。各单位领导干部应在切实履行国家重大政策措施时起到带头模范作用，要敢抓敢管，抓好落实，加强对国家重大政策措施的宣传教育，让广大员工做到不仅能了解国家重大政策措施的表面内容，还能增强贯彻落实意识，营造出自觉遵守政策措施的社会环境。此外，各单位要重视对制度执行情况的检查与监管，要加大对违反国家政策法规行为的问责力度，要坚定维护国家重大政策措施的严肃性和权威性，以国家重大政策措施贯彻落实内部跟踪审计推动单位管理制度体系与内部经营管理的优化。

总体来说，国家重大政策措施贯彻落实内部跟踪审计对于单位内部控制体系的完善能够起到积极促进作用，帮助各企事业单位不断提升单位合规管理水平，优化各内审单位的规范经营管理。

2. 促进单位价值增值

现代企业价值管理中越来越重视战略目标定位与战略规划的作用，企业战略的选择与战略方向的及时调整对于企业价值管理具有深远影响。国家重大政策措施为企业战略目标制定、发展规划设计提供了方向和指引，为企业经营过程中可能存在的风险做出了必要的警示，尤其是为单位外部风险的评估与应对提供了路径框架。各单位应当针对国家重大政策措施的相关精神与方向，及时调整本单位战略目标与发展规划，充分考虑国家重大政策措施对经济、产业、行业的影响，结合自身经营特点与优势，客观分析本单位所面临的内外部风险变化，实时动态评估经营风险，研究风险应对策略与方案，组织落实风险应对措施，有效降低本单位经营风险，提升对风险的防控能力。

内部审计作为单位内部监督的重要一环，是内部控制的再控制，有效的审计监督可以减少和防止损失，降低风险，增加单位价值。国家重大政策措施贯彻落实内部跟踪审计通过对国家重大政策贯彻落实中的重要风险进行排查，能够及时发现本单位在贯彻国家重大政策措施过程中所存在的问题，例如，战略方向是否已根据国家重大政策措施进行恰当调整，与国家重大政策措施贯彻落实相关的风险评估与应对措施是否恰当等，分析各类问题产生的原因及可能造成的影响，找出薄弱环节，提出强化风险管理的措施，帮助本单位改进风险管理体系，优化国家新政策措施下本单位战略的实现路径，保障资产质量提升，预防风险，减少损失，提升国家重大政策措施的贯彻效能，以促进本单位目标的有效实现。

因此，国家重大政策措施贯彻落实内部跟踪审计能够帮助各内审单位在当前多变的经营环境下提升风险管理水平，增加组织价值，促进组织目标的实现。

3. 促进单位廉洁自律

随着国企改革的不断深化，在建立现代企业制度、转换经营机制的过程中，企业领导干部尤其是一把手，拥有了较大的生产经营权和人财物支配权，这些权力既为领导干部搞好企业创造了有利条件，同时也为少数人以权谋私、腐化堕落提供了便利。党的十八大提出"廉洁政治"，其核心是全心全意为人民服务，为人民用好权，不以权谋私。近些年，党中央始终把搞好领导干部廉洁自律工作作为反腐败斗争的重要内容，针对领导干部廉洁自律问题出台了一系列的规定和要求，例如，"廉政准则""三十一个不准""三项制度""厂务公开"等，这些党和国家出台的重要政策措施都为领导干部廉洁自律提供了法规依据，规范了领导干部的行为。

内部审计职责中包括建立一整套控制监督系统、防止和揭露舞弊和腐败等违法违规问题，审查与制约各级党政领导干部的腐败行为，帮助实现对党风廉政建设的有效监督

（Mendez and Bachtler，2011）。一方面，与国家重大政策措施有关的项目大多规模大、金额高、影响广泛，各级党政领导干部在贯彻落实国家重大政策措施过程中，本身就容易发生舞弊、腐败等问题，开展国家重大政策措施贯彻落实内部跟踪审计可以有效防止并揭露此类违法违规问题，优化各级单位的内部廉洁自律环境。另一方面，在党中央和国务院颁布的重大政策措施中，部分政策措施本身就是针对党政领导干部廉洁自律行为的，此类重大政策措施的落实情况是本单位廉政建设的重要组成部分，对此类政策措施落实情况开展内部跟踪审计有利于及时发现本单位存在的舞弊或腐败问题，促进领导干部带头执行廉洁自律的各项规定，特别是中纪委第十五届四次全会确定的国有企业领导干部"五个不准"，自觉对照检查自己的一言一行，从严要求，克己奉公，清正廉洁。

因此，开展国家重大政策措施贯彻落实内部跟踪审计能够帮助领导干部密切党群、干群关系，保持单位良好的政治生态，激发职工群众的工作积极性，保证各单位的改革、发展和稳定，使各内审单位进一步强化廉洁自律。

三、国家重大政策措施贯彻落实内部跟踪审计理论框架

党和国家制定各项重大政策措施的目的是推动国家政治、经济、文化、资源环境等领域的高质量发展，提升各单位的内部治理水平，保障各单位组织目标的实现，包括规范单位的经营管理、实现价值增值以及保证廉洁自律等。内部审计可以通过检查监督本单位及其各部门对国家重大政策措施的具体安排部署、贯彻情况以及落实绩效评价来形成内部审计报告，推动党和国家重大政策措施在本单位的贯彻落实，实现内部跟踪审计的目标。基于此，内部审计机构要开展国家重大政策措施贯彻落实内部跟踪审计，首先需要从理论上解决"谁来审""审什么""如何审""为何审"的基本问题，如图 1 所示。

（一）"谁来审"：国家重大政策措施贯彻落实内部跟踪审计主体的确定

各单位的内部审计部门负责国家重大政策措施贯彻落实内部跟踪审计的具体组织实施，各单位内部审计部门根据各单位经营管理情况，参照经济责任审计以及其他审计的频次，合理安排内部跟踪审计，经单位领导批准后适时执行。各单位可通过加强经济责任审计、资产负债损益审计以及其他专项审计，将国家重大政策措施贯彻落实情况纳入日常审计项目内容，高效监督并推动国家重大政策措施在本单位的贯彻落实。

（二）"审什么"：国家重大政策措施贯彻落实内部跟踪审计主题的选择

审计主题是整个审计项目的起点，也决定了后续审计目标、审计标准及审计取证方法的选择。在实务工作中，国家重大政策措施贯彻落实内部跟踪审计的主题应根据本单位的业务特征与实际情况，结合当前与本单位关联性较强的国家重大政策措施，从横纵两个维度合理确定审计内容。

从横向来看，各内审单位可从以下五个方面进行考虑：（1）关注本单位整体发展战

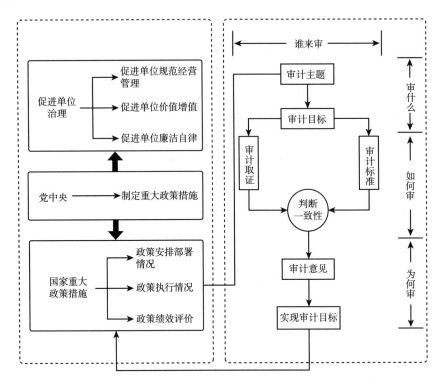

图 1　国家重大政策措施贯彻落实内部跟踪审计理论框架

略的制定、分解和落实情况。（2）关注本单位党委重大决策落实情况。（3）关注风险评估与防范管理情况。（4）关注重要职责履行或重要业务开展情况。（5）关注审计整改落实情况。

从纵向来看，各内审单位可按照国家重大政策措施贯彻落实的实施阶段进行划分：（1）政策安排部署情况。包括是否针对本单位的实际情况对国家重大政策措施进行细化，制定详细、合理且具有可行性的实施方案。（2）政策执行情况。包括是否切实严格地按照细化后的实施方案进行执行，尤其要关注专项资金和资源的来源、分配、管理、使用情况等。（3）政策绩效评价。包括政策的执行是否达到预期效果，综合客观地评价政策的执行效果以及带来的经济效益等（孟爱玲，2020）。

（三）"如何审"：国家重大政策措施贯彻落实内部跟踪审计取证方法与审计标准选择

1. 审计取证方法

开展国家重大政策措施贯彻落实内部跟踪审计时，首先应对财务数据进行审计核实，夯实财务基础信息。在此基础上，深入经营管理过程，以政策为导向，采用文件资料查阅、业务穿行测试、现场观察和检查、问卷调查、人员访谈、行业对标、定性定量分析等多种技术方法，检查政策落实的流程，分析政策执行的难点，核实政策落实的效果，以保证发现政策贯彻落实中的问题及成因，推动国家重大政策措施在本单位的高质量贯彻与落实。

2. 审计标准

国家重大政策措施贯彻落实内部跟踪审计的审计标准是党中央和国务院制定的重大政策措施及相关的规范性文件，审计标准要与现行国家政策保持一致。由于外部环境的不断变化，国家政策很可能会不断地做出调整，这就要求各单位的内部审计标准要及时更新，与时俱进，与国家重大政策措施同步调整。

（四）"为何审"：国家重大政策措施贯彻落实内部跟踪审计的功能定位

国家重大政策措施贯彻落实内部跟踪审计的目标是贯彻中央经济工作总基调，推动党中央、国务院及各级党委、政府出台的重大政策措施在本单位的贯彻落实，促进本单位部门经济平稳运行、健康发展和转型升级，为本单位防范政策风险，增加组织价值。内部审计活动应紧紧围绕政策落实、项目落地等关键问题，重点揭示本单位部门在促进推进"三去一降一补"、推动经济结构调整和转型升级、开展"放管服"等改革、防范政府债务风险、实施创新驱动战略等方面存在的突出问题，保障政令畅通，促进各项重大政策措施的有效实施，防范本单位的政策执行风险。

1. 事前预防

对国家重大政策措施安排部署阶段进行审计，可以有效地规避本单位决策层对政策理解或解读不准确的问题，避免重大政策措施贯彻落实的根源性偏差。同时，能够保证政策细化的合理性和可行性，确保国家重大政策措施的切实落实。除此之外，对政策的安排部署是否符合本单位的战略目标或经营方向也是重大政策措施得到贯彻落实十分重要的一环，对该阶段进行审计，能够帮助单位找到契合自身发展战略的国家重大政策措施的具体落实方案。

2. 事中监督

对国家重大政策措施贯彻落实的实施情况进行审计，能够跟踪政策措施贯彻落实方案的整个执行流程，对政策措施贯彻落实进行全流程监督，包括政策措施是否严格按照细化的实施方案执行，是否存在敷衍了事或形式主义的情形，尤其是对专项资金的管理与使用是否合规、是否存在舞弊问题等，从而确保国家重大政策措施的切实贯彻。

3. 事后评价

对国家重大政策措施贯彻落实绩效进行评价，便于了解政策措施的执行是否经济有效，是否已达到了国家重大政策措施制定的初衷，是否能够促进本单位的目标实现。对于贯彻效果不佳、目标偏离较大等问题，事后需要对有关责任人进行问责，并督促其进行整改，避免出现"雷声大、雨点小"的现象。

四、国家重大政策措施贯彻落实内部跟踪审计实现路径

专项审计业务的实现往往需要从内外两个层面提供支撑，从外部来看，专项审计业务开展前需要审计人员明确认识、统一思想，厘清专项审计的职责界限；从内部来看，

专项审计业务的开展与实现需要明确审计的组织形式、规范审计主体与定位、设定合理的审计标准与内容、选择恰当的审计技术与方法、设计充分的审计质量保障机制。基于此，国家重大政策措施贯彻落实内部跟踪审计主要通过以下四个路径来实现：环境优化路径、组织优化路径、业务优化路径以及质量管理路径。各内审单位应当明确认识、明确内部跟踪审计工作方式、明确审计标准与重点审计内容、明确审计质量保障，以推进国家重大政策措施在本单位的贯彻落实。具体实施路径框架如图 2 所示。

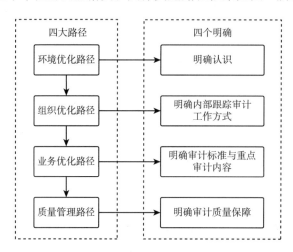

图 2 国家重大政策措施贯彻落实内部跟踪审计实现路径

（一）环境优化路径：明确认识

1. 提高内审工作政治站位，明确促进贯彻国家重大政策措施职责

为了适应新时期发展需要，党对内部审计工作作出了新的部署，提出了新的要求。对于内部审计工作来说，新使命和新职责的到来意味着要更加清晰地了解自身定位和目标。现阶段内部审计部门应当促进本单位实现更加科学化的经济决策、更加规范化的内部管理以及更加常态化的风险防范，尤其是在帮助本单位更加精准地贯彻执行国家重大政策措施方面，应当持续推进改革创新，切实提高内部审计监督实效。

如今，内部审计的任务不仅仅局限于传统的财务审计方面，更要紧的是开展国家重大政策措施贯彻落实内部跟踪审计，这是党和国家对审计工作提出的新要求。内部跟踪审计是实现审计全覆盖目标的重要一环，也将成为内部审计最重要的职责之一。当然，政策需要经历时间的检验才能判断是否合适，站在国家层面，政策是必然要执行的，政策只有在执行后才能看到效果。各单位的责任就是要保障政策在本单位内得到及时有效且精准的贯彻落实，而内部审计就是这个环节义不容辞的监督者。因此，各内审单位急需提高内部审计工作的政治站位，确保内部审计在国家重大政策执行过程中跟踪监督作用的有效发挥（周敏李和王盟盟，2020）。有些企业在内部审计站位方面已经有了新的尝试，例如，《首钢集团有限公司经济责任审计管理办法》中明确经济责任审计的第一项内容为：贯彻落实国家和市政府、市国资委有关方针政策和决策部署，贯彻执行集团公司党委的各项决议决定，落实发展战略规划情况及效果。在首钢集团的年度审计计划中，每年都将涉及落实国家重大政策的建设项目全部纳入全过程跟踪审计计划。

2. 厘清内审与其他监督部门促进贯彻落实国家重大政策措施的职责边界

审计工作聚焦经济责任，市委办公室和市政府办公室对经济责任的新要求是各单位开展内部审计工作的重要依据。内部审计工作理应体现其经济属性的特征，而不是超脱出经济管理本身。尽管内部审计机构与工作的特殊性导致工作过程中可能遇到诸多问题，但还是应该结合与本单位直接相关的重大政策措施，对接本单位的具体工作与业务内容，围绕经济责任本身开展跟踪审计工作。这就要求各单位首先要做到深入准确理解党和国家的重大政策措施，同时要能够区分好内部审计部门的监督职责与其他部门（纪检、监察部门）的监督职责，不能混为一谈，从而理清楚内部审计部门对于国家重大政策落实的监督范围与界限，使内部审计人员在开展该项审计业务时做到心中有数，既不缺位，也不越位（赵晓红，2019）。

（二）组织优化路径：明确内部跟踪审计工作方式

1. 加强国家审计对内部跟踪审计的指导

由于内部审计部门往往作为单位内部的一个部门而存在，其独立性远不如国家审计，因此，以往的内部审计极少把审计重点放在国家重大政策措施的执行上。近些年，党和国家对内部审计工作愈发重视，尤其是对内部审计工作规划、年度审计计划及问题整改等重大事项的管理和监督。基于此，各单位也越来越关注内部审计对国家重大政策措施在本单位贯彻落实情况的监督作用，并将其纳入内部审计的重点内容。

在监督国家重大政策措施贯彻落实的各类主体中，国家审计机关担任着十分重要的角色。不管是在审计重点的把握、审计经验的积累方面，还是在审计手段的拓展、审计人才的培养方面，国家审计力量都强于其他审计主体。内部跟踪审计如果能得到国家审计机关的指导和帮助，必然能够强化内部跟踪审计的监督效应，各审计主体之间也能得到更加有效的协同与配合，实现相互促进、相互成就（Bogue and Johnson，2010）。通过国家审计机关以及各级内部审计协会的组织，一方面，国家审计机关可以就各内审单位开展内部跟踪审计的方向、思路、方法进行指导；另一方面，各内审单位也能够互相交流各自开展内部跟踪审计的经验与做法，互取精华，在内部跟踪审计业务开展方面齐头并进。有些内审单位在与国家审计的协同方面作出了有益尝试，例如，中国五矿集团审计部基于2018年审计署对其开展的资产负债损益和境外投资及境外国有资产管理使用情况专项审计，2019年自身开展了国有资本经营预算及境外金融衍生品两个内部专项审计项目，通过配合审计署的政策落实专项审计并推进整改落实，促进了集团更好地贯彻落实国家重大政策方针。

此外，作为内部审计领域的行业组织，各级内部审计协会应尽力强化对各内审单位内审工作的指导。一方面，各级内审协会要多安排专题培训及研讨会，深入解读国家重大政策措施的内涵，让各内审单位能够"吃透政策"，使审计认知与党中央的决策部署相统一；另一方面，从贯彻党和国家重大战略方针角度来看，各级内审协会每年可对各内审单位的审计重点进行适当引导，以确保各内审单位抓对重点，紧跟党中央的政策变化及发展趋势（赵晓红，2019）。

2. 通过专项审计促进内部跟踪审计落地

中办、国办印发的《党政主要领导干部和国有企事业单位主要领导人员经济责任审计规定》将"贯彻执行党和国家经济方针政策、决策部署情况"作为一项重要审计内容纳入对国有企业主要领导人员的经济责任审计。这就意味着，国家重大政策措施贯彻落实内部跟踪审计应当成为国有企业内部审计的"规定动作"，但这还远远不够。国有企业是我国经济发展的主导力量，有着巨大的经济体量，也就是国民经济的命脉，是党和国家重大政策执行的重要平台。开展国有企业的国家重大政策措施贯彻落实内部跟踪审计，就要反映出中央政策执行的效果，要能够促进中央政令畅通、令行禁止。这就要求内部跟踪审计不仅要具有一般审计的时效性、针对性，更关键的是要具备前瞻性。当政策更新时，能够实时跟踪执行情况是否也随之而变更是内部跟踪审计需要重视的关键问题，要能反馈给管理层准确的动态信息，实现审计"治已病，防未病"的主动效用。为了达到以上的效果和作用，各内审单位在实施内部跟踪审计时要多以专项审计的方法部署安排，在对宏观层面有清楚的认知后，联系自身长期在单位内部积累的"内部情报"，挖掘出所发现问题的深层动因，抓住关键核心所在，不浮于表面，实现更快、更好、更精准、更深入地发现问题，有效缩短审计时间和减少资源浪费，更好地服务单位的管理层及决策者。

有些国有企业在这方面已经先试先行，并取得了良好的效果。例如，首创集团审计部确立了以内控评价为基础、以经责审计为核心、以投资项目后评价为重点、以专项审计为抓手的工作格局，2016~2018 年累计完成涉及国家及北京市重大政策措施落实的项目 248 个，其中专项审计 107 项，审计报告对战略目标落地、重大政策落实等情况作出了总体评价，形成了审计意见和建议。

3. 创新内部跟踪审计的方法

内部跟踪审计作为一种新型审计业务，和传统审计相比，在审计方式方法及审计质量控制等诸多方面都存在差异。这客观上要求各单位内部审计机构不断努力摸索创新内部跟踪审计手段与方法，着力长足提升内部跟踪审计质量，使内部跟踪审计的监督作用能够得到最大化发挥。其一，各内审机构要对审计方法不断创新，在内部跟踪审计过程中做到上下级之间紧密联系，建立起"一体化"的内部跟踪审计模式；其二，各内审机构要敢于将不同的审计方法进行排列组合与综合应用，使内部跟踪审计的独特优势能够发挥出来；其三，各内审机构还要将分析性程序与模型作为常用审计方法，把数字化审计纳入日常的审计方法（吴勋等，2019），在内部跟踪审计中深度运用数据分析方法，逐步实现联网审计。

4. 丰富内部跟踪审计的组织形式

国家重大政策措施覆盖政治、经济、社会、文化及资源环境等众多方面。而当前各内审单位的内审人员所具备的专业能力往往仅限于财务、经济管理等范畴，非经济领域专业知识与专业能力上的欠缺已成为各内审单位开展国家重大政策措施贯彻落实内部跟踪审计的一大难题。当下，各单位内部审计机构要开辟新的内部跟踪审计组织形式，包括外聘中介机构、内部专业职能部门联动、聘用内外部专家、联合监管部门等（李瑞峥，2016），以此来推进国家重大政策措施贯彻落实内部跟踪审计的开展，先行先试，通过实践不断探究并总结积累经验，摸索出符合中国国情与实际的国家重大政策措施贯彻落实内部跟踪审计组织方式。

（三）业务优化路径：明确审计标准与重点审计内容

1. 制定内部跟踪审计的指导规范文件

国家重大政策措施的制定是否符合当下的发展规律及发展方向通常需要经历时间的考验，每个单位的组建历史不同，经历的发展阶段不同，行业特点和自身特点都会有所不同，基于此，同一政策在不同单位推动的难度和范围也可能不尽相同，如何评价各单位相关的实施方法有效与否、效果能否达到预期（Shulock and Boilard，2007）等问题当前还没有专门的规范文件可以参考。各级内部审计行业协会可以组织开展相关研究，总结国家重大政策措施贯彻落实内部跟踪审计业务中所存在的共性问题，并适时出台内部跟踪审计的指导和规范文件（商思争和郭夏智，2019），以解决内部跟踪审计行为、审计标准、准则依据等问题（胡静，2020），在内部审计准则体系中明确内部审计部门在国家重大政策措施执行方面的监督范围，厘清内部审计在国家重大政策措施贯彻落实情况监督方面的目标、范围、职责、权限以及形式，构建符合我国国情的内部跟踪审计制度，推动内部跟踪审计有关理论及管理体系的完善，促进我国内部跟踪审计业务的全面推进与纵深发展。

2. 明确内部跟踪审计的重点内容

国家审计机关在实施国家重大政策措施落实情况跟踪审计时，其关注的重点可以为内部审计提供一些借鉴与参考。通过审计署2019年发布的国家重大政策措施落实情况跟踪审计的结果可知，其主要内容包括推进经济高质量发展和供给侧结构性改革，聚焦减税降费、三大攻坚战、乡村振兴战略（朱智鸿，2017）以及稳就业、稳金融、稳外贸、稳外资、稳投资、稳预期等重大政策措施执行情况。而各内部审计机构在实施国家重大政策措施贯彻落实内部跟踪审计时，要重点关注中央重大经济决策部署，包括中央经济工作会议精神、政府工作报告以及全国金融工作会议精神等，同时结合所处行业的有关政策以及自身的实际情况，确定恰当合理的审计重点内容。

具体来讲，内部审计需要关注本单位党委重大决策落实情况，对上级或者本级党委作出的重大投资、重大资金使用或者其他重大经济事项决策的落实情况进行客观评价；关注党和国家下放给本单位的重要职责履行情况以及重要业务的开展情况，对相关政策的执行、制度的修正完善、管理流程的优化以及实际效果的取得等方面开展内部监管；关注外部监管机构、国家审计机关及内部审计部门发现的本单位执行国家重大政策措施过程中存在的问题的后续整改情况，敦促有关单位和部门进行及时整改并完善制度，强化监督机制以提升本单位贯彻落实国家重大政策措施的效果。

（四）质量管理路径：明确审计质量保障

1. 加强内审人员培训工作，提高内审人员的综合素质

国家重大政策措施贯彻落实内部跟踪审计需要内部审计人员既对国家重大政策部署了然于胸，也对被审计单位的经营情况十分熟悉，这样才能在一定高度思考被审计单位落实不到位的地方，并提出行之有效的意见建议，推动相关政策的落地见效。内部审计人员只有不断地"学习、学习、再学习"，才能消除能力恐慌，胜任此项工作。第一，各内审单位要增加人力资源的投入，在培养内部审计人才方面不仅需要制定计划、确定目标、分步实行、常抓不懈，还要寻找合适的人才培养模式，不断提升内部审计人员的业务能力。第二，各内审单位要全方位、多途径地培训内部审计人员，增加国家重大政策措施贯彻落实内部跟踪审计方面的政策及实战培训，改善内部审计人员的知识储备结构，对审计专业技能进行创新与延伸，积攒总结工作经验，打造一专多用的复合型内部审计专业人才，推动内部审计促进国家重大政策措施贯彻落实作用的发挥。第三，各内审单位要将培养专家型的内部审计人才作为重要目标，构建审计职业化体系，完善内部审计行业的人力资源配置，保障国家重大政策措施贯彻落实内部跟踪审计工作的成功开展。第四，各内审单位要以多种方式将计算机、工程及环保等专业方面的专家人才充实到内部审计队伍，最大限度地让专家人才施展才能，解决国家重大政策措施贯彻落实内部跟踪审计中的专业屏障问题。第五，各内审单位要做到合理配置现有审计资源（Tillema and ter Bogt，2010），推进内部审计部门的内外部轮岗，从而实现单位内部与监督有关的岗位之间资源互通，使得联动监督效应能够得到更好的发挥，更有效地处理内审部门人力资源不足的问题（徐向真等，2018）。

2. 提高内部跟踪审计质量，规避审计风险

国家重大政策措施贯彻落实内部跟踪审计质量管理要对审计程序、现场管理及文书审理等各个流程质量进行管控。一是要约束内部审计行为。要坚持在法律规定的职权范围内开展内部审计工作，注重对内部审计项目的全过程进行质量控制，切实履行内部审计质量控制职责，严格遵守内部审计职业道德规范及职业准则，保持合理的职业审慎，做到于法有据、程序合规、证据充分、定性恰当、责任明晰、建议可行。二是要强化内部审计项目现场管理。国家重大政策措施贯彻落实内部跟踪审计关注的重点之一，是在对重大项目以及行业性项目的审计中体现出相关政策措施的贯彻落实情况，因此要求内部跟踪审计应实现"到位而不越位"，依照自身承受能力的高低，尽力做到积极稳妥，量力而行，尽力而为，注意尺度，有重点、有详略地开展内部跟踪审计业务。三是要实行内部审计质量检查，加强内部审计质量责任落实。各内审单位应当认真履行内部审计业务过错责任追究制度，并强化问责机制，切实提高内审人员的质量与责任意识，从而降低内部审计风险。

3. 聚焦内部跟踪审计的整改，强化审计成果运用

国家重大政策措施贯彻落实内部跟踪审计要把揭示问题、推动整改作为基本原则，努力做到边审计、边整改。各单位应严格贯彻被审计单位主要负责人为整改第一责任人的规定，内部审计部门有义务协助被审计单位负责人及时对审计发现的问题进行整改，并督促相关问题人尽快落实，加快弥补被审计单位存在的制度缺陷，以此提高内部审计监督实效。第一，各内审单位要把上期国家重大政策措施贯彻落实内部跟踪审计过程中所发现问题的整改情况纳入本期审计事项。各期内部跟踪审计方案的必审内容必须要包括过去审计中指出的问题的整改情况，实施内部跟踪审计方案时，应完成取证和相关整改信息的统计工作，归纳汇总过去和当前阶段通过内部跟踪审计所发现的问题，构建国家重大政策措施贯彻落实整改相关问题的数据库。第二，各内审单位要加强部门间的协作，形成监督合力。对于涉及无故拖延或整改不力的情况要及时进行通报；对于移送的审计线索，要由纪检监察及法务部门及时进行查处；组织部门应将国家重大政策措施贯彻落实问题的审计整改相关情况作为各级子分单位的重要考核标准之一，提高各子分单位对于国家重大政策措施贯彻落实的重视程度。第三，各内审单位应要求各级子分单位实现观念上的转变，对于内部跟踪审计所指出的问题，及时进行落实整改，不能让内部审计部门"既当运动员，又当裁判员"，让内部跟踪审计整改流于形式。

从实践角度来看，首创集团为了提高国家重大政策措施贯彻落实内部跟踪审计项目的整改效果，充分体现内审价值，2016 年由集团审计部牵头制定并启动了"三年三步走"的工作规划，即第一年加强整改意识、摸清现实情况，第二年规范整改工作、推动实质进展，第三年聚焦历史问题、关注管理提升。经过三年的持续努力，截至 2019 年整改工作已取得显著效果，通过审计整改，已补充、完善和优化多项制度流程，收回多笔补偿款、欠款，压缩了部分管理层级，清理了退出项目、往来款及不良资产，实现了加快消化潜亏、推进未决诉讼、规范财务核算、降低财务杠杆等多方面的效果，真正起到了防控风险、优化经营和推进国家重大政策措施贯彻落实的作用。

4. 加强内部跟踪审计的舆论宣传，营造良好内部审计环境

充分利用好本单位内部的宣传媒体，包括电视、广播、报刊以及简报等，重视对微信、微博等网络新媒体优势的挖掘，不断丰富本单位国家重大政策措施贯彻落实内部跟踪审计的宣传内容及形式，提高内部跟踪审计的宣传层次和高度，拓展内部跟踪审计在不同行业或领域的知晓度及覆盖面（陈希晖和邢祥娟，2017）。要讲述好国家重大政策措施贯彻落实内部跟踪审计事迹，写出好的审计文章，宣传好审计人。将各下级单位在推动国家重大政策措施贯彻落实中有突出成效、值得学习和研究推广的各类工作方式、经验进行及时的提炼、总结与宣传，供各下级单位研讨学习。通过有效的宣传，获取各级党委以及主要班子成员的支持，同时得到重大政策措施落实部门的理解与配合，改善内部审计的外部环境，减少审计业务实施阻力，高质效地保障国家重大政策措施贯彻落实内部跟踪审计工作的切实开展，推动国家各项重大政策措施落地生根。

五、研究结论

内部审计机构实施国家重大政策措施贯彻落实内部跟踪审计具有多维度外生与内生需求。从外生需求来看，内部跟踪审计是实现国家治理现代化的必然需要，是保障我国经济高质量发展的重要环节，能够有效促进国家审计监督作用的充分发挥；从内部需求来看，开展内部跟踪审计是各内审单位促进内部规范经营管理、实现价值增值、推进廉洁自律的现实需要。

要开展国家重大政策措施贯彻落实内部跟踪审计，首先需要重点解决"谁来审""审什么""如何审"以及"为何审"的基本理论问题。针对"谁来审"问题，国家重大政策措施贯彻落实内部跟踪审计应由各单位审计部门具体组织实施；针对"审什么"问题，应根据本单位业务特征与实际情况，结合当前与本单位关联性较强的国家重大政策措施，从横纵两个维度合理客观确定审计内容；针对"如何审"问题，开展审计时应在对财务数据进行核实的基础上，深入经营管理过程，以政策为导向，综合采用人员访谈、行业对标、定性与定量分析等多种方法手段，对政策落实的过程进行详细了解，对执行过程中的难点进行深入调查，对政策落实结果进行客观评价；针对"为何审"问题，内部跟踪审计活动应紧紧围绕政策落实、项目落地，重点揭示本单位部门在促进推进"三去一降一补"、推动经济结构调整和转型升级、开展"放管服"等改革、防范政府债务风险、实施创新驱动战略等方面存在的突出问题，保障政令畅通，促进各项重大政策措施有效实施，防范本单位的政策执行风险，切实做到事前预防、事中监督和事后评价。

国家重大政策措施贯彻落实内部跟踪审计在我国内部审计领域仍属于新生业务，各内审单位正在逐步尝试开展。若拟在更大范围、更深层次高质量开展此项审计业务，还应着重从环境优化、业务优化、组织优化和质量保障四个方面着手推进。各内审单位要注重提升内部审计的政治站位，牢记促进国家重大政策措施贯彻落实的重要使命，制定内部跟踪审计的指导规范文件，明确内部跟踪审计重点内容，加强与国家审计的交流与合作，创新内部跟踪审计方法，丰富内部跟踪审计组织形式，提高内部跟踪审计质量，有效防范内部跟踪审计风险，聚焦内部跟踪审计整改，强化内部跟踪审计的成果运用。

参考文献

[1] 蔡春，唐凯桃，刘玉玉. 政策执行效果审计初探 [J]. 审计研究，2016（4）：35–39.

[2] 陈希晖，邢祥娟. 重大政策落实跟踪审计的实施框架 [J]. 中国审计评论，2017（2）：30–38.

[3] 冯树武. 政策执行跟踪审计的三个特性 [J]. 审计月刊，2012（10）：6–8.

[4] 胡静. 重大政策跟踪审计的实践及路径分析与探究 [J]. 财经界，2020（15）：213–214.

[5] 李瑞峥. 新常态下开展政策落实跟踪审计的着力点 [J]. 审计月刊，2016，10（4）：33–34.

[6] 孟爱玲. 人民银行重大政策贯彻落实情况跟踪审计思考——以金融扶贫审计为例 [J]. 山西农经，

2020（9）：158 – 159.

［7］商思争，郭夏智. 国家战略绩效审计初探：基于"五大发展理念"的江苏沿海发展战略绩效评价
　　　［J］. 中国审计评论，2019（2）：20 – 31.

［8］吴勋，潘佳园，黄引萍. 稳增长政策跟踪审计实施现状研究——基于审计结果公告的分析［J］. 财
　　　会通讯，2019（22）：109 – 112.

［9］徐向真，任莉娜，段曼曼. 基于重大政策措施落实跟踪审计的问卷调查［J］. 财会月刊，2018
　　　（17）：146 – 152.

［10］赵晓红. 践行新时代内部审计的重要使命助力国家重大政策措施贯彻落实［J］. 中国内部审计，
　　　 2019（10）：10 – 14.

［11］周敏李，王盟盟. 国家重大政策措施内部跟踪审计实施路径探讨［N］. 中国审计报，2020 – 11 –
　　　 04.

［12］朱智鸿. 扶贫政策跟踪审计探析［J］. 中国注册会计师，2017（10）：75 – 79.

［13］Bogue E. G., Johnson B. D. Performance incentives and public college accountability in the United States：
　　　 a quarter century policy audit［J］. Higher Education Management & Policy，2010，22（2）：754 – 769.

［14］Mendez C., Bachtler J. Administrative reform and unintended consequences：an assessment of the EU Co-
　　　 hesion policy 'audit explosion'［J］. Journal of European Public Policy，2011，18（5）：9 – 31.

［15］Tillema S., ter Bogt H. J. Performance auditing：Improving the quality of political and democratic proces-
　　　 ses？［J］. Critical Perspectives on Accounting，2010，21（8）：746 – 765.

［16］Shulock N., Boilard S. Buying the right thing：using a policy audit to align community college［J］. Plan-
　　　 ning for Higher Education，2007，35（3）：12 – 25.

大数据驱动的审计与纪检监察协同监督模式构建[*]

魏祥健[**]

摘 要 加强审计与纪检监察协同监督是强化监督质量的重要措施。本文梳理审计与纪检监察协同监督研究现状，分析协同监督类型，评价协同监督质量，剖析传统制度驱动协同的弊端，比较协同驱动动力类型，阐释资源深度融合凝聚内驱动力的内在机理，奠定数据驱动协同的主体地位。基于数据驱动动力支持、大数据协同平台支持、资源融合的价值源泉支持，建设协同监督机制，从而构建以数据为中心的审计与纪检监察协同监督模式，提升审计与纪检监察协同监督效应。

关键词 大数据 审计 纪检监察 协同监督 驱动动力

Building a Collaborative Supervision Model for Auditing and Disciplinary Inspection Driven by Big Data

Wei Xiangjian

Chongqing University of Science and Technology

Abstract：Strengthening coordinated supervision of audit and discipline supervision is an important measure to strengthen the quality of supervision. This paper combs the current situation of audit and discipline inspection, analyzes the type of collaborative supervision, evaluates the quality of collaborative supervision, analyzes the disadvantages of traditional system driven synergy, compares the collaborative driven power type, explains the internal mechanism of deep fusion driving force within resource cohesion, thus laying the main position of data-driven syner-

---

　* 基金项目：重庆市教委人文社会科学研究项目"成渝区域经济高质量循环下的审计协同监督机制研究"（21SKGH252），重庆市渝中区科技局制度创新项目"重庆重工业城市碳中和目标下审计监督与评价体系研究"。

　** 作者简介：魏祥健（1975—），男，重庆潼南人，重庆科技学院教授，管理学硕士，主要研究方向为大数据审计。

gy. Based on the data-driven power support, big data collaborative platform support, and resource integration value source support, to build a collaborative supervision mechanism, so as to build a data-centered collaborative supervision mode of audit and discipline supervision, and improve the collaborative supervision effect of audit and discipline supervision.

Keywords: big data; audit; discipline inspection; collaborative supervision; driven power

一、引　言

在国家治理监督体系中，国家审计承担着经济监督职能，监督重点是经济领域的财政财务收支和绩效评价，优势在于财务资料的检查，重在发现线索，但强制处理权限不足，对查出问题的处理手段缺乏刚性；纪检监察承担着党纪监督和职务监督职能，监督重点是党内的纪律检查和职务履行督查，优势在于案件调查和执纪问责，但以人查事的方式难以深入前期具体的经济业务检查，对经济监督存在局限。可见，二者的监督职能有差异、监督范围有区别、监督优势各有所长，加强协同不仅是职能互补的内在需求，也是国家治理监督的本质需要。但从我国推行的经济责任审计联席会议、审计与纪检监察合署办公、审计与纪检监察联动机制等协作模式来看，虽然审计与纪检监察建立起了初步的协同，但还存在协同中审计"唱独角戏"、组织形式松散、衔接不紧密、合作"走过场"等问题。问题的根源在于审计与纪检监察职能互补要素资源割离，单纯依靠外部行政指令和制度推动合作无法形成有效的反腐监督合力，自组织相互协作缺乏有效的动力驱动与协作机制。

在当前大数据环境下，海量数据激增和价值网络迭代给治理监督带来更严重的挑战，腐败呈现数字化、虚拟化、网络化和智能化等特征，加大了治理监督的难度。但与此同时，大数据的关联性、相互印证特征以及大数据资源调度与整合技术、跨部门和跨系统协同效应又为审计与纪检监察协同监督带来了重大的发展机遇。2016 年，审计署"十三五"规划明确指出，我国将推进以大数据为核心的审计信息化建设，加强大数据审计分析已经成为新时期审计工作的常态，特别是 2020 年我国暴发新型冠状肺炎疫情，促使人们更加关注大数据分析与协同办公。因此，本文基于大数据的情报支持，冲破跨部门协作信息不对称的物理区域屏障，将大数据技术推进审计与纪检监察内部数据资源融合凝聚内驱动力纳入协同动力分析框架，搭建数据驱动的审计与纪检监察协同监督模式，促进传统的行政指令和制度推动的任务协同向数据驱动的价值协同转变，提升协同监督质量和效率。

二、文献回顾

（一）审计与纪检监察协同监督的产生

"协同"这一概念由德国物理学家赫尔曼·哈肯（1995）于 20 世纪 70 年代提出，指开放系统在外界作用力下由孤立无序到有序合作的演进过程。根据协同理论，审计需要与外部门合作，才能发挥协同监督效应。国外没有纪委部门，审计多与其他外部门合作，例如，美国的财政资金审计监督由美国国家审计（GAO）、政府审计（OIG）和外部注册会计师审计（CPA）三方协同实施。此外，美国还建立由注册会计师协会、国际内部审计师协会、国家证券商协会、反对虚假财务报告委员会、美国法律协会等组成的审计委员会加强对管理当局的协同监督与控制；对被审计单位或个人非刑事问题的处理加强与众参两院和司法部门合作；对于触犯刑法的，移交监察机构提起公诉；对认为有进一步调查的必要，则与联邦调查局进行合作。英国国家审计署聘请独立的第三方对政府审计进行监督，澳大利亚国家审计署与议会的委员会密切合作，德国、日本、加拿大的审计都与外部门加强合作开展协同监督。随着技术的发展和信息系统的日益复杂，审计需要在多个学科之间进行合作，还应该参考内部审计工作提供的内部控制结果和相关的审计证据（Munro and Stewart，2010）。

国内对于协同监督的理论研究起步较晚，前审计署长李金华（2005）提出，审计不是万能的，在参与国家反腐治理监督过程中需要与相关部门协同作战；吴青和翟建设（2006）提出，审计工作是一种群体智力工作，具有构建协同审计系统的基本特征。但在实务界早已存在协同监督的意识，2003 年，《中央五部委经济责任审计工作联席会议制度》① 出台，开始了我国审计与外部门协作的初步尝试；2007 年深圳市坪山新区的纪检、监察、审计"三合一"试点探索开始了审计与纪检监察合署办公，还有后来的审计与纪检监察联动机制、联合办案等，都是审计与纪检监察协同监督的初步尝试。

（二）审计与纪检监察协同监督模式

针对协同模式，学者们主要从审计机关内部的纵向协同和审计与外部门横向协同两个方面展开讨论。在纵向协同中，周德铭（2013）提出，国家审计可以利用国家电子政务内网资源和外网资源构建中央、省、市、县四级审计机关的纵向协同。在横向协同中，王会金（2015）、熊磊（2017）、魏祥健和游静（2019）提出，国家审计可以与纪委、监察加强协同，也可以与纪委、监察、工商、税务等加强协同。此外，李冬（2012）提出，在政府投资项目审计中，国家审计可以与社会审计、内部审计加强协同；徐争春（2010）提出了审计与税务机关加强协同的模式。但通过审计与纪检监察协同的实践情况来看，效果不尽如人意，据吕燕（2017）调查的结果显示，有 66% 的人认为《中央五部委经济责任审计联席会议制度》实施效果不理想，会议大多只是听取审计情况汇报，出现审计"唱独角戏"，重形式、"走过场"等现象。对于协同效应发挥不佳的因素，基础建设功底不足、缺乏法律依据、制度不完善、评价不科学等成为重要原因（尹平，2009）；推进协同反腐，加强联席会议制度问责功能，建立协作平台统筹指挥成为学者强调的重点（马

---

① 2003 年 2 月 27 日，中共中央组织部、审计署、人事部、中共中央纪律检查委员会、监察部发布《中央五部委经济责任审计工作联席会议制度》（经审办字〔2003〕2 号）。

志娟，2013）。可见，制度推进协同监督共识已然形成，但制度驱动不是万能的，仅依靠外部制度推动而忽略内部价值文化、数据融合等因素会弱化协同的自发性和规律性。李宁和工俊倩（2014）通过实证分析发现，内部创新驱动对协同绩效产生正向影响。可见，这种源于技术推进的内部资源协同创新驱动机制同样发挥重要作用，价值提升的协同行为是由内生和外生因素共同驱动的。

（三）大数据在审计协同监督中的应用

大数据从产生之初就受到世界各国的重视并逐渐应用到审计中。美国利用大数据建设信息技术平台（IT Dashboard）提供政府机构重大投资项目的详细信息；英国国家审计署关注大数据的数据服务、审计分析、可视化技术在审计中的应用；巴西联邦审计法院则建立了政府审计公共数据库为审计服务。在理论界，学者们更注重大数据强大的数据分析功能在审计中的作用，大数据分析技术推动了审计的高级预测和规范导向分析（Appelbaum et al.，2017）、提高了财务报表审计的效率和效果（Cao et al.，2015）。

大数据技术在协同监督中的应用也受到国内学者的高度关注。利用大数据技术搭建大数据平台可以为协同监督提供信息共享与智能服务（文峰，2011；秦荣生，2014），大数据挖掘技术、大数据存储技术、大数据分析技术为大数据审计协同的开展提供了重要的技术保障（顾洪菲，2015），大数据的实时分析、数据跨部门共享技术给政府审计带来了发展机遇（叶战备等，2018）。还有学者研究了大数据平台搭建方法、大数据审计技术革新、大数据审计模式等，为大数据在协同监督中的应用提供了重要的智力支持。

通过文献梳理发现，在国家治理监督中强调多元主体参与协同合作已得到各国的共识，大数据已经上升为各国国家战略，国外关于大数据在审计中的应用研究关注数据分析和平台支撑，并已发展到在线审计领域，为我国加强大数据在协同监督中的应用提供了重要的借鉴。但对于影响协同监督的障碍，已有的研究更多描述的是制度完善、机制建设等外在因素对协同效应的影响，对于造成协同障碍的关键内驱动力、数据开放、资源整合等本源性内生因素尚缺乏深入剖析。虽然已有大数据分析和数据共享的应用研究，但大多侧重于技术支持，并没有从数据资源配置效率的视角深入分析协同自组织运行的内在机理和价值规律，基于大数据透射情报信息冲破信息梗阻促进资源融合驱动协同演进的研究更是缺乏，这成为本文研究的切入点。

三、审计与纪检监察协同监督产生的基础

（一）理论基础

1. 公共受托责任理论

受托责任是基于委托受托关系建立而发生的。当委托受托关系建立后，作为受托人要以最大的善意、最经济有效的办法，严格地按照委托人的意愿来完成受托任务。审计

与纪检监察作为国家职能部门，产生于公共受托责任关系的确立，担负向公众提供公共产品和公共服务的责任，即审计与纪检监察机关接受公众委托，利用社会赋予的审计和纪检监察公共资源，对行政单位、事业单位以及党内干部职员和国家公职人员履行的公共责任进行监督，并向公众报告其履职情况，防止权力异化导致的腐败行为发生，保障受托公共责任的有效履行，为公众提供健康的社会环境。

2. 协同理论

协同理论简称协同论，是关于系统各部分协同工作的科学。协同论认为，客观世界存在千差万别的系统，在一定条件下，由于各系统之间的相互作用和协作，开放系统与外界进行物质或能量交换，从而产生内部协同作用，使远离平衡状态的开放系统自发地出现时间、空间和功能上的有序结构，从而使得系统整体出现协同效应，达到"1+1>2"的效果。审计与纪检监察在党的统一领导下也会在内部达成协调配合，从而发挥协同效应，增强监督合力，提高监督效能。

（二）实践需求

1. 传统的政府审计模式局限

在审计管理模式上，我国现行的审计管理体制实行中央审计署和地方政府对审计机关的双重领导，其初衷是把审计监督纳入地方政府系统有利于政府对审计工作的开展提供必要的支持和便利条件。但这种审计体制面临一些问题。由于一些地方政府和有关部门领导怕揭露问题过多，难以承担责任或影响政绩，因而违反规定干预审计机关依法揭露和处理审计问题的现象比较普遍，使得审计独立性缺失、审计结果披露受到限制、审计监督留有空白、审计目标和工作重点不稳定等，在一定程度上制约了审计监督效能的发挥。在审计工作模式上，现行的审计工作模式是各基层审计机关在上级审计机关的垂直领导和地方政府的直接领导下各自分别开展"一对一"的现场审计工作。这种审计工作模式的缺陷在于各审计机关需要分别建设自己的审计系统，每个审计机关都需要配置独立的硬件资源和软件资源，势必产生审计成本居高不下。各审计机关孤立查账、盘存、调取相关资料佐证等手段均需要较长时间，使得审计效率低下。现场数据采集模式获取企业内部数据较容易，但获取企业外部证据较难，会造成审计信息"孤岛"现象，难以进行大数据关联分析，势必影响审计质量。

2. 政府审计的职能范围局限

政府审计职能主要是针对财政财务收支进行监督，监督范围主要在经济领域，重在发现线索，但对发现问题的强制处理权力不足。2018年3月，我国成立了中央审计委员会，加强了党对审计的领导，进一步提高了审计的独立性和权威性，但作为经济监督机构，仍然存在权属不对等，强制处置力不足等障碍，反腐监督存在一定的短板。

3. 纪检监察的职能范围局限

纪检监察职能有强制的审查、调查和处置权力，即对涉嫌贪污贿赂、滥用职权、玩忽职守、权力寻租、利益输送、徇私舞弊以及浪费国家资财等职务违法和职务犯罪进行调查，在调查过程中可以采用讯问、留置、查询、冻结财产、搜查财物、调取、查封、扣押财物、文件等强制方式，根据监督、调查结果，还可以依法作出谈话提醒、批评教育、责令检查、诫勉、警告、记过、记大过、降级、撤职、开除等政务处分决定，对认为犯罪事实清楚、证据确实、充分的涉嫌职务犯罪，有移送人民检察院依法审查、提起公诉的权力。但纪检监察由于人员、技术力量的限制，对发现问题或在案件办理中难以深入经济领域进行深挖细查，对问题产生的前期相关财政财务收支方面的线索查找需要审计机关的力量支持。

4. 反腐实践的现实需求

以上可以看出，审计与纪检监察在管理体制、职能定位、事务范围、技术优劣势方面都存在区别，审计处于监督前端，重在防治腐败，纪检监察处于监督后端，重在惩治腐败，各自都存在监督盲区和监督短板，二者加强协同，优势互补，形成立体的监督体系，是反腐实践的工作需要。因此，审计与纪检监察有必要进行合作，利用各自的资源，发挥各自的优势，协同配合，使审计的事前、事中威慑作用与纪检监察的事后惩治作用之间形成良性循环，相互推动，共同发挥防治腐败的功效。

四、审计与纪检监察协同监督类型与质量

（一）审计与纪检监察协同监督类型

1. 经济责任审计联席会议制度

经济责任审计联席会议是目前我国开展最广泛的审计与纪检监察协同监督模式。2003 年 2 月，中央五部委联合发文开始试点经济责任审计联席会议制度，要求各联席会议成员单位要加强协作配合，在力量支持、信息共享、线索移送、成果利用上加强协同，形成监督合力，提高监督效率。随后，各个省市根据中央文件制定了相应的地方联席会议制度规范，并出台了相应的细则和办法，联席会议在各地逐步得到了有序的开展。2019 年 7 月，中央两办修订了《党政主要领导干部和国有企事业单位主要领导人员经济责任审计规定》，增加了审计委员会在联席会议中的领导地位和作用，明确了联席会议日常工作由审计委员会下设办公室承担，进一步加强了联席会议在审计协同监督中的地位和权威。

2. 审计与纪检监察合署办公

审计与纪检监察合署办公是指审计与纪检监察从组织架构、岗位设置、人员配备和工作职责等方面深度融合，有机整合，一体办公的协同形式。审计与纪检监察合署办公的先行者是 1993 年的广州开发区，2007 年深圳市坪山新区的纪检、监察、审计"三合一"试点探索是较为成熟的案例。审计与纪检监察的合署办公简化了组织结构，精减了岗位人员，减少了办公用房和实施配套，节约了监督成本，且合署办公后实现了审计与纪检监察职能互补、信息共享、资源融合等协同目标，简化了信息传递渠道和线索移交

环节，使监督效率和质量都得到了提升，是基层监督体制的一大创新。

3. 审计与纪检监察联动机制

审计与纪检监察联动机制是指审计与纪检监察在线索查找、审查调查和案件办理中形成的配合响应、联动协作的机制。具体在技术力量上，要协调配合、互相支持、优势互补；在信息资源上要信息共享、资源交互；在案件查办行动上，要响应互动、联动协作。联动机制与合署办公的区别在于保持各监督主体的独立性，它是一种项目行动上的业务合作，由于较为灵活和高效，在各地得到了不同程度的应用。

4. 审计与纪检监察联合办案

联合办案是指在重大、特大或者影响恶劣的案件查办中，纪检监察与审计和其他多个部门的协同。联合办案是在党委统一领导下，由纪委组织协调，部门各负其责，按照各自职责权限和办案程序，多种形式、多种渠道合作办案的工作机制。联合办案一般要设立办案协调小组，建立各参与办案单位的联席会议制度，互通信息、相互支持、各司其职，在各自的职责权限范围内开展案件的调查与处理，其他成员单位应在权限范围内积极配合，共同完成案件的查办和违纪违法处理。

（二）审计与纪检监察协同监督质量

虽然我国审计与纪检监察协同监督在实践中早已存在，但对审计与纪检监察协同监督质量评价还鲜有理论和实践研究。当前研究大多借助经济责任审计质量来衡量审计与纪检监察协同质量，主要采用定量的方法进行评价。其中，通过 DEA 模型从审计机关投入与产出之间的关系来评价审计质量是比较普遍的做法。本文的前期研究（详见《审计与纪检监察协同监督效率测度与分析——基于经济责任审计成果的面板数据》[①]）通过 DEA 的 BCC 模型和 Malmquist 生产率指数法从静态和动态两个角度测度审计与纪检监察协同监督效率。指标设计包括财政投入、人员投入、协同次数 3 个投入指标和被审计人员数量、查出问题金额、移送纪检监察或司法机关案件数、审计报告数、审计建议 5 个产出指标。通过审计年鉴收集经济责任审计成果数据，选取东部发达地区到西部欠发达地区的广东、浙江、天津、安徽、重庆、云南 6 个省市 2003～2015 年的面板数据，以审计与纪检监察联席会议协同模式形成的经济责任审计成果反映整体的协同监督质量。通过质量评价可以得出如下结论：一是总体来看，我国国家审计与纪检监察协同监督的综合效率均未达到最优，纯技术效率部分有效，规模效率缓慢增加，整体协同监督效率还不够理想。二是从动态时序分析来看，从经济责任审计联席会议制度产生的 2003～2015 的 13 年期间，协同监督效率在时间序列上既有上升阶段，也有衰退阶段，升降交错，出现一定幅度的波动，但波动幅度不大，整体是缓慢向上的发展趋势。三是从动态区域分析来看，协同监督效率分布呈现明显的地域特征，东部地区协同监督效率上优于西部地区，

①　魏祥健，李强 . 审计与纪检监察协同监督效率测度与分析——基于经济责任审计成果的面板数据 [J]. 中共四川省委党校学报，2019（2）：73－78.

经济发达地区优于落后地区，地区发展不平衡。

从协同监督质量评价可以看出，经济发展水平和协同监督质量密切相关，那么，实现协同监督质量提升，资源投入和技术创新是关键。资源投入包括协同监督的人力资源投入、资金资源投入以及基础设施和现代化监督工具投入等；技术创新包括协同监督的审计技术、审查技术、调查技术以及案件查办技术的创新等。资源投入和技术创新都属于协同监督的内部因素，此外，协同监督还存在外部因素的影响，例如，行政指令的执行程度、协同制度的完善程度和协同形式的选择等，协同质量是内部因素和外部因素的合力影响的结果。在审计与纪检监察协同监督中，当前我们只注重外部因素的保障作用而忽略了内部因素的核心推动作用。例如，在经济责任审计联席会议协同中，依靠外部的行政指令和会议制度约束来推动各协同单位的协调配合，参加联席会议视为完成任务，休会期间就"自扫门前雪"，造成协同形式化、任务型、有限信息交流和短期协同局面。仅仅单纯依靠行政指令和制度推动以及外在的协同形式选择，而忽略审计与纪检监察内部互补要素资源的融合，无法形成内生动力驱动，是造成协同质量不高的主要原因。

五、协同驱动动力比较

（一）协同驱动动力类型

1. 制度驱动

制度驱动就是通过制度安排、政策保障推动协同合作。制度的刚性特征在一定程度上保证了协同的稳定性，但制度是通过行政手段和外部指令来实现的，为了符合预先设计的制度安排，往往容易导致重形式、"走过场"而轻实质等现象。制度也总是伴随着经验主义产生的，一旦制度设计不科学，制度建设不完善或不能跟上时代的步伐，不仅不能驱动协同的发展，反之会制约协同效力的发挥。可见，虽然制度推进协同共识已然形成，但制度协同不是万能的，仅依靠外部制度推动而忽略内部价值文化、数据融合等因素会弱化协同的自发性和规律性。

2. 技术驱动

如果制度驱动协同具有局限性，那么作为审计与纪检监察监督的核心技术是不是推动协同创新的关键动力呢？斯汉普（Schamp，2010）指出，协同演化是一个双向因果作用下的互惠过程，是一定的制度前提下的技术进步与制度创新。协同合作是通过各方现有的技术能力进行重新组合形成新的生产能力，从而实现"1＋1＞2"的技术效果。技术驱动协同的途径包括互补技术组合、差别技术支持、新技术思路诱导、技术生产的成果利用等。审计与纪检监察存在各自的技术优势，在协同合作中不仅需要相互的技术支持，还需要各自的技术研发与创新。但技术只是一种手段，它无关思想和战略，协同不仅是技术的支持，更重要的是管理上的协调、思想上的融合，单纯的技术是无法推动协同自发产生和规律演化的，如果过分依赖于技术，当技术创新不足，就会陷入受技术牵制的被动局面。

3. 数据驱动

协同的主要障碍在本质上是由于协同各方受物理区域阻隔引起的信息不对称造成的信息、资源不共享，从而出现资源配置效率低下、协同效应发挥欠佳的现象。制度与技术在协同中都属于外在的规则和手段，数据才是协同的内生动力源泉。在大数据环境下，通过数据的情报传递功能，破除协同各方的信息梗阻，促进协同系统内要素资源自由流动和深度融合。通过识别协同服务链上的互补要素资源，利用大数据技术进行资源整合，动态配置与优化组合凝聚内生动力，驱动协同各方沉浸式交互，促进多主体决策统一，推进协同自组织规律运行。大数据的精髓在于不仅能利用自身拥有的数据产生更大的价值，还能吸收外部的数据来解决自身的业务问题，它的数据整合能力、资源配置能力、数据共享属性在凝聚核心竞争力、实现新价值方面逐渐受到重视，并逐渐成为协同创新的重要推动力。

（二）数据驱动动力优势

通过以上比较可以看出，制度驱动重形式轻实质，技术驱动重技术轻战略，二者都不适宜作为协同驱动的核心动力。大数据环境下，通过内部数据融合凝聚内驱动力驱动协同自组织规律演进，是驱动审计与纪检监察自组织协同的主要动力。其优势在于以下几方面。

一是数据能产生协同效应。根据协同理论，在协同演化中，若系统中没有起主导性作用的内在因素，系统内要素是简单组合而不是有序组合，则协同将无法发挥协同效应而终至瓦解。这说明在内部网络的协同作用过程中，系统内部资源协同起着决定性作用，内部资源不协调，协同效应也就无从谈起。数据作为资源的供给方，是内部资源的主要组成部分，是内部资源进行有序协调发挥协同合力的主要载体，在协同驱动过程中起主导性作用，占据主导地位，从而能够极大程度地冲破不同类型数据之间的协同障碍，例如，可视化数据、可机读数据便于多语言媒体对其进行识别，结构化数据、非结构化数据的转换便于适应不同类别的标准，数据电子化便于实现云存储和数据共享，从而推动协同各方数据的合作进程，产生协同效应。

二是数据能产生熵变效应。根据熵变理论，熵代表无序，熵增就是事物的发展从井然有序走向混乱无序的状态，熵减是从无序走向有序的状态。一个系统中的能量分布得越均匀，熵就越大，即效应状态越差，反之亦然。在一个系统中，如果听任它自然发展，那么，能量差总是倾向于消除的。由此可以看出，孤立封闭的系统如果在没有外界的作用下会导致熵增加，从而引起无序和效率递减，只有当系统充分开放，不断吸收补充外部能量、物质或信息，使负熵增加正熵减少，才能变成稳定的有序结构。协同监督系统是由若干数据要素组成的一个开放系统，数据驱动协同的过程就是对抗熵增的过程，或者说尽量减少熵，增加协同的生命力，通过数据驱动各要素之间相互联系、相互作用产生负熵，促进协同由无序到有序的演进，从而带来熵变效应。

数据的共享属性、协同效应、熵变效应能够激发数据的自发驱动效应，克服外部行政命令和制度规制的短期性和任务型，能够驱动审计与纪检监察自组织规律的常态协同，是审计与纪检监察协同监督的核心动力。

六、数据驱动审计与纪检监察协同监督模式构建

根据前文分析，以外部行政指令和联席会议、合署办公、联合联动等制度驱动的审计与纪检监察协同存在重形式轻实质、重执行轻效果、重行为配合轻数据融合等弊端，容易造成有限信息交流、任务协同和短期协同等后果。在当前大数据环境下，大数据技术在各行各业得到了充分的应用，也推动了政府数据向更深层次开放，在中央大力推进审计监督与纪检监察监督贯通协调进程中，为了进一步提升审计与纪检监察协同监督效率，提升反腐监督实效，本文基于数据驱动动力的支持，将搭建大数据平台、依托平台促进内部数据资源融合、以资源融合为基础构建协同监督机制纳入整个协同监督系统，构建审计与纪检监察协同监督模式的基本框架，包括协同动力创新、协同平台搭建、协同资源融合、协同机制建设。

（一）协同动力创新

协同动力为协同监督提供驱动动力基础。协同动力是驱动协同行为实现的内在作用力，也是促进资源自动汇集、高效组合，凝聚资源合力的源动力。前面已经分析了审计与纪检监察协同的驱动动力要由传统的行政驱动、制度驱动转变为数据驱动的理由。数据驱动力是一种自发产生的内生动力，这种内生动力是审计监督与纪检监察监督系统内部各个要素相互融合、相互耦合、连续互动导致共识达成的一种演化过程，而不是外部指令通过制度安排强制产生的行政推动力。

根据协同论可知，数据在协同效应产生中起着主导作用，根据熵变论可知，数据是驱动熵变的外在作用力。因此，在大数据环境下，要以大数据思维突破传统物理区域屏障和信息梗阻，重塑网络化、动态化下审计与纪检监察之间的互动关系，推动各方开放数据，利用大数据术整合协同服务链上人力资源、技术资源、信息资源、成果资源等互补要素资源，以资源配置效率理论进行资源动态配置与优化组合凝聚形成内驱动力。结合协同论分析数据的主导作用引起系统内要素从无序到有序组合的演变过程，结合熵变论分析数据的外在作用力引起系统内熵增到熵减的效率递增规律过程，识别协同主体发挥协同效应的内生因子，利用行为决策理论深入分析协同效应和熵变效应交互促进行为主体连续互动与共识达成的机理规则，从而构建以数据为中心的动态感知、精准预测、信息共享、行为互动的自协同反腐监督机制，实现从部门合作到系统整合、从定期会商到常态运行、从任务协同到价值协同的转变。其数据驱动动力的内部机理规则如图1所示。

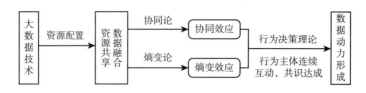

图 1　数据驱动协同机理

（二）协同平台搭建

协同平台为协同监督提供运行场景支持。虽然我国各级地方政府及政府各个部门也已建立了各层次的电子政务平台，但由于体制机制和部门具体利益阻碍，导致各个平台互不相连，数据开放难、数据共享难，形成新型"信息孤岛"。由于这些机制体制的障碍，数据技术在协同监督中难以真正派上用场。因此，建设一个能容纳审计监督、纪检监察监督所需硬件资源、软件资源、信息资源及服务应用的系统平台，从而实现协同管理智能化和协同业务实施自动化就显得尤为重要。

审计与纪检监察协同监督平台的搭建可以采取两种思路：一是重新建设协同监督云平台。云平台的搭建技术可以选择面向客户的 SOA 数据交互与资源共享技术，面向大数据的 Hadoop 数据分析技术，面向服务的 IaaS、PaaS、SaaS 云服务模式等。在平台搭建上，我们可以把以上实用的模式和优势技术结合加以综合利用，例如，在模式选择上，借鉴 IaaS、PaaS、SaaS 的思想，在大数据存储与大数据分析上，利用 Hadoop 数据存储和分析技术，在资源共享方面，利用 SOA 的 XML 和 Web Service 数据交互技术，构建审计与纪检监察协同监督数字云平台。二是对现有的审计与纪检监察平台进行集成，即在不改变现有平台布局的前提下，突破物理行政区划和部门界限，利用云计算技术、大数据资源整合技术，以网络共生的思想通过"科技云"集成区域审计与纪检监察监督服务网络，通过互联网或者建设专网链接本地各个分散的审计与纪检监察平台终端的网络核心节点，按照一数一源、多元校核、规范共享的原则，制定统一的标准体系，实现集成模式下审计与纪检监察监督服务资源云端化、网络化、开放性特征的跨部门协同监督资源整合集成、信息开发共享互动、监督成果交换及资源服务无缝对接的公共云服务平台。

（三）协同资源融合

协同资源为协同监督提供能量源泉。审计与纪检监察作为国家治理机构，各自掌握着大量的经济监督、纪律监督、行政监察等优势资源，但面临国家治理全角度的监督就显现出各自资源都存在一定的短板和局限性，因此，只有把资源进行合理的移动，通过资源整合形成各种资源的集合，才能发挥资源的最大效用。

一是整合人力资源。通过梳理审计、纪检监察各自的人力资源数量、结构和专业，比较分析各自人力资源的优劣势，识别二者之间的重叠性和互补性资源，根据协同需求通过调动调配、交叉任用、优劣互补等方式进行人力资源整合，形成审计与纪检监察监督所需的共享资源。

二是整合技术资源。把审计的财政财务收支检查比较优势技术与纪检监察查办案件中的高权限侦查手段和强制处置权力的比较优势资源进行整合，技术力量相互调用，技术经验形成案例经验库开放共享，在实际工作的技术上遇到难题和手段受限时互相支持，及时相应和配合，共同增强审计在经济业务检查和纪检监察在查办案件中的技术强度，提升审计线索发现和纪检案件调查的精准性。

三是整合信息资源。对于审计和纪检监察的法律法规信息、政策信息、工作信息、线索信息、案件信息等，应进行整合，搭建信息共享机制。如审计在获取线索或审计过程中发现疑点线索后，涉及违纪违规违法的要及时向纪检监察部门移交；纪检监察机构通过信访举报收集的线索或巡视巡察获取的线索需要审计介入调查的，要和审计机关通气，实现信息上的互通有无、实时交互，合力促进案件的同步查处。

四是整合成果资源。审计与纪检监察机关要联手推进成果资源整合利用，强化责任追究。例如，涉嫌违规违纪违法的案件，审计与纪检监察要互通有无，通过案件移送、协同合作，共同调查加强协同监督；审计机关通过审计实施得出的结论和审计报告要及时披露，并及时抄送纪检监察部门，供纪监考察干部、任用干部，为领导干部的经济责任评价和绩效评价考核提供依据。

（四）协同机制建设

协同机制为协同监督提供规则支持。协同机制是协同监督系统中各资源要素间的相互作用的过程和功能，表明协同资源要素之间的结构关系和运行方式是对协同人员的行为、思想的规范和约束。审计与纪检监察协同机制建设是通过数据动力的驱动、协同平台的支撑、协同资源的融合等支持下，总结归纳多主体协同合作中在管理上、规范制定上、资源配合上、业务工作上的有效方式方法，并进行加工和提炼，使之形成系统化、理论化的规则机制，从而有效地指导协同实践。

协同机制建设包括管理协同机制、资源协同机制、规范协同机制、业务协同机制的规划与设计。管理协同机制就是要在审计与纪检监察协同监督中，把二者系统的各个部门中的不同组织、制度、文化重组，形成一致的管理规范，为协同合作从无序走向有序发挥协同合力提供稳定的系统环境。资源协同机制就是要实现审计与纪检监察资源与信息的协同，对二者的互补资源进行优化配置、整合互融，实现审计与纪检监察资源利用的协同性、互补性，使资源的产出效益最大化。规范协同机制就是要梳理审计与纪检监察在协同过程中的法律、法规、制度和程序规范层面的差异，使双方所依据的法律要衔接，互为补充、相互适用；双方在管理制度、工作制度、行为规范等方面的差异部分要相互协调、逐步趋同，交叉重叠部分要规范整合、形成一体，相斥部分要逐步取消、重新规范，形成统一的制度安排，为协同的有序开展提供制度保障。业务协同机制关注的是业务操作、执行层面的协同。即要建立统一指挥、响应与配合、协调联动机制，目的是发挥各自所长、优势互补，避免重复劳动，提高整体协同工作效率。

七、结语

本文在评价审计与纪检监察协同监督质量基础上分析协同监督的主要影响因素，以此推论传统的制度驱动协同的形式性、短期性、非规律协同等弊端。基于大数据情报传递、易协同、善共享等特征，引入协同论、熵变论奠定数据驱动协同的主体地位，在此基础上，利用大数据技术搭建数据平台、促进资源融合、建设协同机制从而构建以数据为中心的审计与纪检监察协同监督模式框架。在当前国家提出各类监督一体化的"大审计""大监督"格局下，利用大数据思维加强协同监督的研究与实践是理论界和实务界探索的重点课题，构筑数据驱动的审计与纪检监察协同监督理论框架体系，深入研究实践工作中的协调配合具体措施，推动协同监督实例应用的落地实践，应是该领域突破发展的关键。为此，笔者认为在未来的深化研究和实践工作中应重点考虑以下几个方面：一是跨地区跨部门合作的主要难点不在于技术，而在于管理体制。我国现行的地区差异、部门差异、职能权属差异在一定程度上造成行政管理壁垒，掣肘了协同监督的深度和广度发展，如何冲破体制机制障碍是关键。二是政府是大数据的拥有者，由于部门主义、利益主义等狭隘思想妨碍了各政府部门的数据开放和共享，政府数据不开放，大数据监督派不上真正用场，推动政府数据开放是数据监督的前提。三是一体推进审计与纪检监察贯通协调，要综合考虑协同模式、协同机制与法律规范、政策制度、社会环境以及监督主体实际情况的匹配程度，增强协同监督的可行性和适用性，切实为国家监督治理服务。

参考文献

[1] 顾洪菲. 大数据环境下审计数据分析技术方法初探 [J]. 中国管理信息化，2015，18（3）：45 - 47.

[2] 赫尔曼·哈肯. 协同学：大自然构成的奥秘 [M]. 上海：上海译文出版社，1995.

[3] 李冬. 基于协同治理理论的政府投资项目审计模式研究 [J]. 会计研究，2012（9）：89 - 95，97.

[4] 李宇，王俊倩. 产业链垂直整合中的创新驱动与创新绩效研究 [J]. 财经问题研究，2014（7）：36 - 42.

[5] 吕燕. 高校内部经济责任审计联席会议制度探析——基于问卷调查和实务经验的启示 [J]. 会计之友，2017（6）：91 - 95.

[6] 马敬仁. 我国基层纪检监察审计体制改革的新探索：深圳市坪山新区纪检监察审计"三合一"体制改革的效用分析 [J]. 广州大学学报（社会科学版），2012（8）：5 - 9.

[7] 马志娟. 腐败治理、政府问责与经济责任审计 [J]. 审计研究，2013（6）：52 - 56.

[8] 秦荣生. 大数据、云计算技术对审计的影响研究 [J]. 审计研究，2014（6）：23 - 28.

[9] 王会金. 反腐败视角下政府审计与纪检监察协同治理研究 [J]. 审计与经济研究，2015（6）：3 - 10.

［10］魏祥健，游静. 大数据下审计与纪检监察协同反腐质量影响因素研究［J］. 财会月刊，2019（10）：80－86.

［11］文峰. 云计算与云审计——关于未来审计的概念与框架的一些思考［J］ 中国注册会计师，2011（2）：98－103，2.

［12］吴青，翟建设. 计算机协同审计系统体系结构设计［J］. 审计月刊，2006（7）：19－20.

［13］熊磊. 政府审计与纪检监察协同治理腐败机制的构建与实现路径［J］. 会计之友，2017（3）：116－119.

［14］徐争春. 审计协同地税 提升稽查质效［J］. 审计月刊，2010（8）：44.

［15］叶战备，王璐，田昊. 政府职责体系建设视角中的数字政府和数据治理［J］. 中国行政管理，2018（7）：57－62.

［16］尹平. 审计"免疫系统"功能的理论贡献和创新引领［J］. 中国审计，2009（21）：22－23.

［17］周德铭. 国家审计信息化的信息共享与业务协同［J］. 电子政务，2013（7）：25－37.

［18］Appelbaum D. , Kogan A. , Vasarhelyi, Miklos A. Big Data and Analytics in the Modern Audit Engagement：Research Needs［J］. Auditing：A Journal of Practice&Theory，2017，36（4）：1－27.

［19］Cao M. , Chychyla R. , Stewart T. Big Data Analytics in Financial Statement Audits［J］. Accounting Horizons，2015，6（29）：423－429.

［20］Munro L. , Stewart J. External auditors' reliance on internal audit：The impact of sourcing arrangements and consulting activities［J］. Accounting and Finance，2010（5）：317－387.

［21］Schamp. E. W. On the notion of co-evolution in economic geography［A］. In The Handbook of Evolutionary Economic Geography［C］. Edward Elgar Publishing Limited，2010.

国家审计质量提升的路径研究[*]

——基于跨国样本的模糊集定性比较分析

李宗彦　胡　杨[**]

摘　要　国家审计是内嵌于政治、文化的国家治理制度安排。本研究在文献回顾的基础上，探索了国家审计质量的内涵并建立了国家审计质量的衡量指标体系。本研究还构建了国家审计质量的多层次模型，并以98个国家为案例样本，运用模糊集定性比较（fsQCA）从组态分析视角检验了外部环境、审计组织效率及职业能力如何影响国家审计质量。研究发现，国家审计质量提升存在多元且不同的路径组合，而审计组织效率中的审计独立性与审计业务范围多样性是国家审计质量的重要前提条件，且需与外部审计环境及高素质人力资本协同组合来实现国家审计质量提升的目标。本研究为我国国家审计体制深化改革提供了理论支持与经验证据。

关键词　国家审计　外部环境　审计独立性　定性比较分析　组态分析

Research on the Path of Improving the Quality of National Audit

—Qualitative Comparative Analysis of Fuzzy Sets Based on Cross-country Samples

Li Zongyan　Hu Yang

School of Accounting, Zhejiang University of Finance and Economics

Abstract：National audit is a governance system arrangement embedded in jurisdiction's politics and culture. On the basis of literature review, the research explored the connotation of

---

　* 基金项目：国家社会科学基金项目"全球经济治理变局下中国参与国际会计准则治理策略与路径研究"（18BJY019）；审计署重点科研课题"审计学科建设服务国家审计事业发展研究"（20SJ05003）。

　** 作者简介：李宗彦（1979—），男，江苏常州人，浙江财经大学会计学院副教授，管理学博士，主要研究方向为国家审计；胡杨（1997—），男，浙江宁波人，浙江财经大学会计学院硕士研究生，主要研究方向为国家审计。

state audit quality and established a state audit quality measurement index system. The study also constructed a multi-level model of state audit quality, took 98 countries as case samples, and used Fuzzy-Set Qualitative Comparative Analysis (fsQCA) to examine how the external environment, organization efficiency and professional capacity affect state audit quality from the perspective of configuration. The study indicates that there are different and multiple path configuration for improving the quality of national audit, and the audit independence and the diversity of audit scope are important prerequisites for the quality of state audits, which they need to be combined with the external audit environment and high-quality human capital to improve the quality of national audits. The research provides theoretical support and empirical evidence for deepening reform of China's national audit system.

Keywords: national audit; audit quality; audit independence; qualitative comparative analysis; configuration analysis

一、引　言

国家审计的诞生与发展和其所处的政治、经济、法律、文化等宏观环境有着密不可分的关联。自 1982 年我国《宪法》重新确立国家审计监督制度以来，中国特色社会主义国家审计制度历经了近 40 年的发展，不断适应经济社会发展与国家治理体系改革，在审计体制创新、审计覆盖范围与审计职能领域等方面取得了重大改革成果。

随着国家审计地位的不断提高，如何提高国家审计质量以发挥国家审计的监督作用成为学者们所关注的一大热点。一些研究从国家审计顶层制度设计角度，例如，从审计机关的独立性角度探讨了影响国家审计质量的因素及国家审计质量提高路径（吴联生，2002；郑石桥和尹平，2010；黄溶冰，2012）。另外一些研究则通过检验国家审计以查错揭弊的成果、促进公共资金效率作为国家审计质量的测度，对国家审计质量展开了理论或实证研究（张立民等，2015；李丹，2019）。但国家审计独立性及审计质量如何度量以及国家审计独立性如何影响审计质量，现有研究仍存有争议与进一步研究空间。本研究分析了国家审计质量的内涵，探讨了国家审计衡量方法，基于文献证据将影响国家审计质量的因素分为外部环境、组织效率与职业能力三个维度，将组织效率进一步分解为"审计独立性""审计业务范围"与"同业复核"三个次级指标。本研究继而基于国际样本，使用模糊集定性比较分析方法（fsQCA）探究了外部环境、组织效率和职业水平对国家审计质量的影响路径，打破以往研究中单因素净效应分析的不足，对必要性和充分性两类因果关系展开分析，探究影响国家审计质量各因素间的相互作用及提升国家审计质量的驱动路径。

二、理论分析与研究框架

(一) 国家审计质量内涵的界定及度量

1. 国家审计质量的内涵

国家审计质量内涵的界定是国家审计质量研究的逻辑起点。涉及国家审计质量的研究尚不充分，现有关于审计质量的研究主要集中在注册会计师审计领域。在注册会计师审计中，对审计质量的认识分为不同维度，第一个维度是准则维度，审计质量被认为是"对审计准则的遵循程度"（O'Keefe et al.，1994）或"审计过程与审计标准的一致性程度"（Krishnan and Schauer，2001）。第二个维度是结果维度，例如，迪安杰洛（DeAngelo，1981）将审计质量视同为"审计师发现并揭示问题的能力"。第三个维度是审计过程维度，例如，奥基夫和维斯托特（O'Keefe and Westort，1992）认为审计质量由事前审计质量和事后审计质量组成，因此审计质量可解构为事前与事后审计质量，并认为财务报告使用者会更加关注事后审计质量。第四个维度是综合维度，即综合了程序和结果两个方面。例如，萨顿和兰佩（Sutton and Lampe，1991）把审计质量划分成程序审计质量和结果审计质量。他们认为，程序审计质量的衡量标准是审计人员在审计过程中对审计准则的遵循程度，而结果审计质量则取决于审计结果。

综合来看，对于注册会计师审计质量界定的研究，可大致分为基于程序观和基于结果观两种视角。这一分类思路对国家审计治理的研究也提供了借鉴思路。例如，王芳和周红（2010）将国家审计质量划分为程序审计质量与结果审计质量两个部分，其中程序审计质量是指审计机关或审计人员在执行审计工作时对于审计准则和相关法律法规的遵循程度，结果审计质量则是指发现并报告错误的可能性，即审计报告的审计质量。马轶群（2014）将国家审计质量区分为审计行为质量和审计整改质量。还有一些研究结合我国国家审计制度特色对国家审计质量的界定展开了更加深层次的研究，例如，赵劲松（2005）认为，由于我国国家审计模式属于行政型，最高国家审计机关隶属于国家行政部门，因此审计机关的审计质量也不能局限于仅"发现"和"报告"重大违规违纪问题，还应当具有"纠偏"的行政属性。黄溶冰和王跃堂（2010）也提出，政府审计质量的内涵不仅应包括能够"发现""报告"违法违规问题，也应当囊括对于违法违规问题的及时处理。

2. 国家审计质量的衡量

在国家审计内涵界定基础上，国家审计质量如何度量是比较、评估国家审计质量的前提，也是研究国家审计质量的归因与路径的先决问题。与国家审计内涵界定的思路一致，现有研究也通常以程序观和结果观为基础，建立国家审计质量的衡量体系。

国外往往采用州政府的审计预算数、审计事务所声誉、审计事务所规模等作为国家审计质量的度量指标（Baber，1983；Beatty，1989；Mansi et al.，2004）。国内关于国家审计质量的测度也分为三个维度。

第一个维度是程序维度。例如，王芳和周红（2010）参考审计署"全国优秀审计项目评比"指标，将审计质量评价体系分为程序审计质量与结果审计质量两个方面，其中程序审计质量指标包括审计方案、审计方法手段、审计证据、审计日记和审计工作底稿、审计报告、审计决定和审计移送处理书、审计文书档案等；结果审计质量指标包括审计揭露重大违规、重大违法犯罪案件线索或者重大损失浪费情况、审计意见和建议采纳情况、审计结果采用情况及其社会影响等。

第二个维度是结果维度。例如，董延安（2008）从国家审计质量的内涵出发，认为国家审计质量的衡量指标应当满足三个条件：一是应该用一个或一组替代指标来衡量；二是用金额指标来表示，以消除对不同审计对象审计质量的差异；三是应该是能反映国家审计中审计机关对被审计单位进行控制的双向过程的一个指标体系。李丹（2019）基于 ROC 曲线的原理，从审计机关发现被审计单位违规行为涉及的财政金额数、被审计单位对违规行为的整改情况和审计机构出具审计建议的采纳数量三个节点构建了审计质量衡量指标体系，对不同审计机构设置和不同地区两种判断标准下的政府审计质量进行了评价。

第三个维度综合了程序维度与结果维度。例如，王学龙和王复美（2015）运用平衡计分卡和关键绩效指标法，从财务、顾客、流程和学习与成长等四个维度构建了国家审计机关绩效评价指标体系。苏孜和何延平（2017）以国家审计的免疫系统论作为理论基础，结合层次分析法，将总指标审计机关绩效分解为揭示功能、抵御功能与预防功能三个二级指标以及其下的若干个三级指标，构建了一套国家审计机关绩效评价指标体系。乔雅婷和时现（2019）基于 SSM（软系统方法论）的国家审计机关绩效评价模型，将审计质量与审计效率并重，从经济性、效率性、效果性三个维度出发，将国家审计机关绩效分解为 18 个三级指标，构建了国家审计机关绩效评价层次模型。程乃胜和吴静（2019）采用统计分析方法和非线性方程拟合法，以 2011～2016 年 30 个省区市的数据为样本，对财务审计资源投入度与审计效果的关系进行了检验。

此外，一些研究还借助国际组织调查数据构建了国家审计质量度量指标。例如，程莹和欧阳华生（2010）借鉴与应用综合评价法，以国际预算合作组织所发布的《公开预算调查 2008》的调查问卷表（IBP Questionnaire 2008）以及经济合作与发展组织《国际预算措施和程序数据库》（International Database of Budget Practices and Procedures）作为样本数据来源，从独立性、全面性、及时性和沟通性四个维度出发，建立了一套四层次的国家审计透明度指标体系。吴秋生和上官泽明（2016）以国际预算合作组织的《公开预算调查 2012》作为样本数据来源，从公布的审计报告及时性、易理解性、审计整改督促力度与全面性四个角度构建了审计结果公告能力的替代性指标。

（二）国家审计质量的影响因素

现有文献对国家审计质量影响因素的研究大致可以归类为外部环境、组织效率和职业能力三个维度。

1. 外部环境

哈里森和萨约戈（Harrison and Sayogo，2014）指出，政治、社会、文化和经济等环境因素可能是决定政府问责的宏观背景。以国别研究为例，埃尔阿格拉（El-Agraa，2011）指出，欧盟成员国之间存在着社会、经济、政治、法律等宏观背景下的显著差异，诸如历史背景、地理位置、政府权力制衡、议会组织形式等，而这种环境的多样性也可能会创造一种审计质量差异的氛围（Favere-Marchesi，2000）。基于此，克拉克等（Clark et al.，2007）对 25 个欧盟成员国的最高审计机关（SAI）展开了调查，取得了 30 组问责与独立性的数据，发现对于国家审计相关的授权立法的修订有助于增强国家审计的独立性，却对国家审计质量产生了消极影响。卡鲁阿纳和科瓦尔奇克（Caruana and Kowalczyk，2020）复制了克拉克等（Clark et al.，2007）的研究，重点研究了马耳他和丹麦两个国家，发现授权立法给予了 SAI 发挥作用的权力，且与 SAI 设置相关的法律会对其审计质量产生影响。

由于 SAI 在其发挥作用的各个国家之间存在政治、社会、文化和经济环境的差异，这便导致"万能模型"难以存在（Chan and Su，2009；Isaksson and Bigsten，2012），国家审计也需要因地制宜进行调整（Mir et al.，2017）。

2. 组织效率

审计机关的组织属性是影响国家审计的潜在因素之一。在组织效率层面，学者们主要针对 SAI 独立性、审计业务覆盖范围、审计质量控制方式对国家审计质量的影响因素展开了研究。例如，芬内尔（Funnell，1996）指出，对于澳大利亚 SAI 的运作，最大的威胁便是其负责人受制于完成审计活动所必需的资源。罗伯茨等（Roberts et al.，1990）以得克萨斯州 1981～1982 年及 1982～1984 年变更审计师的 87 个学区为研究对象，发现审计费用、反映内控缺陷的报告以及反映被审计单位违法违规行为的审计报告与公共部门审计师更换呈现显著的正相关。戴斯和吉鲁斯（Deis and Giroux，1992）研究了得克萨斯州注册会计师参与学区审计（政府审计）质量的影响因素，发现审计师任期的增加会导致审计质量的下降。但是，也有不少学者认为，在我国，审计机关的独立性更多地受到了隶属关系的影响（吴联生，2002；郑石桥和尹平，2010）；黄溶冰（2012）也指出，我国审计机关的隶属关系以及地方机构的"双重领导体制"对国家审计质量产生了较大影响。郑石桥和许莉（2011）指出，地方政府的干预会对审计处理执行效率产生显著影响。

此外，同业复核作为国家审计质量控制重要机制，也会影响国家审计质量。陈波（2007）对美国国家审计机关的同业复核机制展开了调查，认为我国国家审计机关实施同业互查具有必要性与可行性。

3. 职业能力

在个体能力尤其是职业能力层面，学者们又从审计师的独立性以及职业胜任能力等方面展开了研究，其中审计师的独立性又涉及多个方面。扎梅尔松等（Samelson et al.，2006）发现，审计人员的专长、职业谨慎程度、对被审计单位会计系统与内部控制系统

的了解程度、对被审计单位既定需求的重视程度等来自审计人员的因素与政府审计质量
呈现出显著的正相关。同样，国内学者也从审计人员本身出发，发现由于各种主客观因
素，审计人员胜任能力会对国家审计的质量产生显著影响（赵劲松，2003；马曙光，
2007；尚兆燕，2011；程莹，2015），但人员胜任能力指标的设置本身也会对研究结果产
生重要影响（王芳，2009）。

　　综上所述，现有文献已从多个层面多个角度出发，对国家或公共部门审计展开了具
有一定深度的研究。其中，关于国家审计质量的文献相对较为深刻，但是关于国家审计
质量的评价与衡量，现有文献中的质量模型仍不具有较强的普适性，在跨国案例样本研
究中仍存在局限；国家审计质量的影响因素方面，学者们也从审计独立性等内部因素以
及地区发展水平等外部因素出发展开了分析，但仍以单因素净效应研究为主，并未涉及
各影响因素间的相互作用，值得进行更深入的研究。同时，现有文献也大多聚焦于一个
或少数几个国家，其研究结论在普适性方面存在一定局限。本研究构建了影响国家审计
质量的组态因素模型（如图1所示），拟从外部环境、组织效率与职业能力三个维度探究
影响国家审计质量的多重因素，并采用定性比较分析的方法检验不同层次影响因素对国
家审计质量的影响。根据文献综述及数据可获得性，本文将外部环境因素分解为经济与
法律两个维度；组织效率包括审计独立性、审计业务范围、同业复核；职业能力用职业
发展水平来表示。

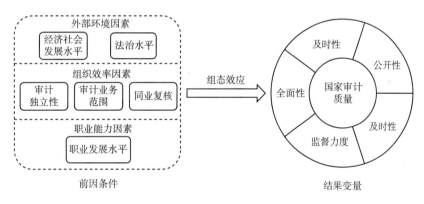

图1　影响国家审计质量的组态因素模型

三、研究设计

（一）定性比较分析法

　　本研究拟采取定性比较分析（QCA）来检验跨国样本下国家审计模式、国家审计独
立性与国家审计质量的关系。QCA是由美国社会学家查尔斯·拉金（Ragin，1987）在20
世纪80年代提出的。该方法介于案例导向（定性方法）和变量导向（定性方法）之间，
是一种整合了两种方法优势于一身的综合研究策略。根据数据特征的不同，QCA方法可
以具体划分为清晰集定性比较分析方法（csQCA）、多值定性比较分析方法（mvQCA）与

模糊集定性比较分析方法（fsQCA）。其中，fsQCA 运用了模糊集数学的方法，突破了对于数据精确分类的限制，能够更好地校准、划分变量值的隶属程度，在保留 QCA 理论核心的基础上，可以用来评估交叉、包含、充分性、必要性等集合关系，进而可以计算每种条件变量组合对结果变量的解释力度。由于国家审计质量受多重因素影响，因此比较适合采用 fsQCA 作为研究工具，从组态视角展开实证分析，突破以往研究中仅对单因素净效应展开分析的局限，以探究不同条件变量之间的相互作用对国家审计质量产生的影响。

（二）样本选择

本文以国际预算合作组织（IBP）开展的"公开预算调查 2019（OBS 2019）"、联合国计划开发署发布的"人类发展指数"及世界银行所发布的"全球治理指数"为数据来源，剔除相关数据缺失的样本之后，共得到 98 个国家的样本。

其中，公开预算调查是国际预算合作伙伴组织"开放预算计划"的一部分，由国际预算合作组织领导，对计划参与国每两年一次展开调查，囊括并评估了预算透明度、社会参与度、监督力度三个关键领域以及包含审计报告等八项关键预算文件，是衡量和比较预算透明度、社会参与度与监督力度的唯一的全球性指标，得到广泛认可与应用。

人类发展指数是由"预期寿命、教育水平和国民收入"三个维度的基础指标通过一定的计算方法得出，相较于传统 GNP（国民生产总值）指标，该综合指标更能真实地反映不同国家的社会发展水平，在指导发展中国家制定相应发展战略方面发挥极其重要的作用。

世界治理指数则是由世界银行所发布，涵盖治理的六个主要方面（话语权和问责、政局与社会稳定、政府效力、监管质量、法治水平、腐败控制），为各地学者提供了实证研究的重要依据，并为各国政府研究政策的调整与改革提供了重要参考。

（三）变量设置、数据来源及校准

1. 结果变量、数据来源及校准

本文所关注的结果变量是国家审计质量。目前，关于国家审计质量的国别研究仍较少涉及国家审计质量的衡量与对比。程莹和欧阳华生（2010）先验地将隶属关系这一形式独立性来武断地代表国家审计质量的一个维度，从独立性、全面性、及时性和沟通性四个维度出发，收集 45 个国家中央审计调查的信息，对政府审计透明度进行衡量。吴秋生和上官泽明（2016）从审计报告的及时性、易懂性、审计整改监督力度和全面性四个维度出发，以审计结果公告能力作为国家审计质量的替代性指标，选取 81 个国家的经验数据，构建模型对审计结果公告能力对国家治理能力的作用展开了研究。

因此，通过对于现有文献的回顾，本研究也综合了国家审计质量的过程与结果两个维度，提炼出 OBS 问卷中"全面性""监督力度""及时性""公开性""可读性"五个

指标。本研究以 OBS 问卷的题项设置与得分标准为依据，采用间接校准法①对这五个方面的指标进行数据校准。各指标具体校准规则如下。

"审计资金全面性"指标。"审计资金全面性"指标由预算内资金审计范围的全面性与预算外资金审计范围的全面性两方面构成，二者分别采取相同的校准规则进行隶属程度的校准，并取均值作为"全面性"指标的隶属程度。对于 SAI 审计职权范围内的预算内或预算外资金，若审计范围涵盖了全部（预算内或预算外）资金，则赋值为 1；若审计范围至少达到（预算内或预算外）资金总额的 2/3，赋值为 0.67；若审计范围至少达到（预算内或预算外）资金总额的 1/3，赋值为 0.33；（预算内或预算外）资金均未进行审计的，赋值为 0。

"审计事后监督性"指标。"审计事后监督性"指标以 SAI 或立法机构是否向公众发布跟踪执行人员为解决审计建议而采取的行动的报告为依据，若其公开所有相关针对性措施建议的，赋值为 1；若公开大部分建议的，赋值为 0.76；若仅公开部分建议的，赋值为 0.33；若不公开任何举措的，赋值为 0。

"审计报告及时性"指标。"审计报告及时性"指标以预算年度结束后审计报告公开时间为依据，若审计报告于预算年度结束后 6 个月内公开发布的，赋值为 1；7 ~ 12 个月内公开发布的，赋值为 0.67；13 ~ 18 个月内公开发布的，赋值为 0.33；18 个月后或不发布的，赋值为 0。

"审计报告公开性"指标。"审计报告公开性"指标以审计报告是否公开于特定官方网站为赋值标准，若公开于特定官方网站则视为具有公开性，赋值为 1；反之，则赋值为 0。

"审计报告可读性"指标。"审计报告可读性"以发布的审计报告是否包含摘要为符合标准，若包含摘要，则赋值为 1；反之。则赋值为 0。

在完成各指标的数据校准之后，由"审计资金全面性"（25%）、"审计事后监督性"（25%）、"审计报告及时性"（16.66%）、"审计报告公开性"（16.66%）与"审计报告可读性"（16.66%）五个指标加权得出"国家审计质量"这一结果变量的隶属程度。

2. 前因条件变量、数据来源及校准

通过对于现有文献的梳理，本文也从三个维度梳理了国家审计质量的可能影响因素。在外部环境维度，本文选取了经济社会发展水平、法治水平两个指标；在组织效率维度，本文选取了审计独立性、审计业务范围、同业复核三个指标；在职业能力层面，本文选取了职业发展水平一个指标。具体指标设置及数据来源报告如下。

经济社会发展水平。经济社会发展水平是衡量一个国家处于何种发展阶段的重要标志，不同经济社会发展水平的国家的经济基础与社会物质条件可能存在较大差异，这也导致各国发展方向与侧重点有所不同，各国政府等公共部门的政策重心与关注点也会受到相应影响，是影响国家审计的宏观环境因素之一。本文采用联合国开发计划署发布的

---

① 间接校准法是一种研究人员先将案例分为不同的隶属级别，再指定这些不同级别的隶属分数的校准方法。由于 OBS 问卷的题项设置本身便是对案例隶属级别的划分，因此采用间接校准法对相关变量进行校准更加具有可靠性。

2019 年人类发展指数作为衡量经济社会发展水平的依据，并参考其对于不同发展程度国家的划分标准，将"完全隶属""交叉点""完全不隶属"三个直接法校准的锚点分别设置为 0.898、0.631 与 0.513①。

法治水平。法治是维护一个国家平稳运行的基础框架，法治建设是指导和约束政府等公共部门行为的重要措施。同时，法治也为国家审计提供了审计机关和审计工作的法律依据，维护了国家审计的独立性，提供了具体的审计标准。加强法治建设，有助于国家审计依法依规开展审计工作，保持法律法规所要求的独立客观，严肃查处审计工作中所发现的各种问题，提高国家审计质量。本文选取世界银行发布的"世界治理指数"中的法治指数作为法治水平的衡量指标，并以该指数得分区间的四分位数，即 1.25、0 和 -1.25 作为"完全隶属""交叉点""完全不隶属"三个直接校准法的锚点进行校准。

审计独立性。依据最高审计机关国际组织（INTOSAI）于 1996 年发布的《利马宣言》，国家审计机关的独立性由三个部分组成，即机构的独立性、人员的独立性和审计经费的独立性。本文以 OBS 调查问卷中的相应题项为数据来源，从上述三个维度构建国家审计独立的衡量指标。指标具体构成如下。

（1）审计权限的独立性。审计权限的独立性意味着国家审计机关可以更多地依靠自身的意愿开展审计活动而较少地受到其他权力部门的约束，是国家审计机构独立性的重要表现。因此，本文引入审计权限的独立性以作为衡量国家审计机构独立性的指标。若国家审计机关可以按照其意愿不受限制地开展其法定职权（包括财务审计、合规性审计与绩效审计）范围内的审计活动，则赋值为 1；若国家审计机关对其审计活动的开展具有主导权，但也受到一定的限制，则赋值为 0.67；若国家审计机关仅对其审计活动的开展具备一定权力，并面临重大限制的，赋值为 0.33；若审计机关完全无法决定其所要开展的审计活动，则赋值为 0。

（2）最高审计机关负责人任免的独立性。最高国家审计机关负责人任免的独立是国家审计人员独立性的重要体现，因此本文以负责人任免的独立性作为国家审计人员独立性的衡量指标。其中，该指标又可以细分为最高国家审计机关负责人任命的独立性与罢免的独立性两个子指标。若 SAI 负责人仅能由立法机关或司法机关任命（或罢免），或其任命（或罢免）需要得到立法机关或司法机关许可的，则赋值为 1。若任命（或罢免）可以由行政部门单独决定的，则赋值为 0。两个子指标取平均值作为负责人任免独立性的隶属程度指标。

（3）审计经费的独立性。本文以国家审计机是否能够决定自身的经费作为经费独立性的衡量指标。若国家审计机关能够决定自身经费水平，则赋值为 1，反之则赋值为 0。

① 本文采用三值锚点法对相关数据进行直接校准，即选取案例得分区间的上四分位数、中位数和下四分位数作为"完全隶属""交叉点""完全不隶属"的三个数据校准锚点，并使用 fsQCA 3.0 软件进行校准。"法治水平""职业发展水平"指标的校准方法与此相同。

最后，通过对审计权限的独立性（33.33%）、负责人任免的独立性（33.33%）和机构经费的独立性（33.33%）三个指标加权得出国家审计独立性综合衡量指标。

审计业务范围。按照审计内容的不同，国家审计类型可以被具体划分为财务审计、合规性审计与绩效审计三种。由于绩效审计的开展需要依托于绩效衡量框架的设立，一般而言，财务审计与合规性审计比绩效审计更为普遍。同时，又由于不同国家法律等制度因素的限制，各国 SAI 所能开展的审计活动的类型也存在差异。这些影响可能会对国家审计质量产生影响。因此，本文参考 OBS 问卷中相应题项的得分标准，依据不同国家所能开展的审计活动的类型，将该指标分别赋值为 1、0.67、0.33 和 0。

同业复核。作为一种质量控制手段，同业复核机制目前已被多个国家的 SAI 所采用。不少学者也对此展开了研究，认为实行同业复核制度，有助于 SAI 遵循相关质量控制准则与审计准则，能够提高国家审计质量。因此，本文以 OBS 作为数据来源和数据校准依据，将 SAI 每年都接受外部独立机关对其审计工作进行复核的，赋值为 1；同业复核并非每年都进行，但过去 5 年内有实施过的，赋值为 0.67；若 SAI 的审计工作仅接受内部部门复核的，赋值为 0.33；若 SAI 的审计工作不接受任何形式的复核，则赋值为 0。

职业发展水平。作为审计质量的又一重要影响因素，职业胜任能力与审计独立性有着同等的重要性。作为审计活动的最终执行者，国家审计人员的审计职业水平对于国家审计质量而言也举足轻重。由于在该样本容量下缺乏一个直观的审计人员执业水平的衡量指标，本文选取联合国计划开发署发布的各国人均受教育年限作为审计职业水平的替代性衡量指标。依据联合国开发计划署对于不同国家的划分标准，本文分别选取 12.2、6.3 和 4.9 作为"完全隶属""交叉点""完全不隶属"直接校准法的三个锚点进行原始数据的校准。表 1 汇总了相关变量模糊集校准结果及描述性统计，本文采用 fsQCA3.0 展开模糊集实性比较分析。

表 1　　　　　　　　　　　　　　模糊集校准和描述统计

集合	模糊集校准			描述性分析			
	完全不隶属	交叉点	完全隶属	均值	标准差	最小值	最大值
经济社会发展水平	0.513	0.631	0.898	0.717	0.147	0.394	0.957
法治水平	−1.25	0	1.25	−0.121	0.317	−1.786	1.985
审计独立性①	—	—	—	0.711	0.252	0.11	1
审计业务范围	—	—	—	0.715	0.398	0	1
同业复核	—	—	—	0.278	0.277	0	1
职业发展水平	4.9	6.3	12.2	8.564	3.028	1.644	14.152
审计质量	—	—	—	0.490	0.355	0	1

资料来源：笔者根据联合国人类发展指数、世界治理指标和 OBS 问卷整理计算。

———————————

① "审计独立性""审计业务范围""同业复核""审计质量"四个变量采用间接校准法进行校准，因而不存在"完全不隶属""交叉点""完全隶属"的数据校准锚点。

四、实证结果与研究发现

（一）必要条件分析

由于必要条件可以被视作实验结果的一个超集，且如果必要条件被包含在真值表分析之中，它就有可能被纳入"逻辑余项"的简约解而被简化掉（Rihoux and Ragin, 2008），因此有必要在进行模糊集分析之前先对必要条件进行分析。拉金（Ragin, 1987, 2000）提出了"一致性"和"覆盖率"两个指标以衡量结果的可靠程度，判断条件变量是否构成结果变量的必要条件。其中，一致性是指纳入分析的所有案例在多大程度上共享了导致结果发生的某个特定条件或条件组合，一致性越高，则该条件变量越趋向于必要条件；而覆盖率，则是指这些特定的条件或者条件组合在多大程度上解释了结果的出现，覆盖率越高，则表示该条件变量可以在更高程度上解释结果变量。对于一致性达到一定水平的条件变量，就需要进一步考察其覆盖率。

本文对影响国家审计质量的前因条件展开了单因素必要条件分析（如表 2 所示）。本文以 0.9 作为一致性的阈值，即当一致性指标大于 0.9 时，则认为该条件变量可能是结果变量国家审计质量的必要条件。通过必要条件分析，研究发现当结果变量为高水平国家审计质量时，仅有审计独立性与审计业务范围达到了 0.9 的阈值标准，可能构成高水平国家审计质量的必要条件；而当结果变量为 ~ 高水平国家审计质量时，并不存在达到 0.9 阈值标准的前因变量，表明可能并不存在 ~ 高水平国家审计质量的必要条件。另外，一些其他条件变量的一致性水平虽然并未达到阈值标准，并非国家审计质量的必要条件，但它们仍可能对国家审计质量产生了重要影响。鉴于国家审计质量并非仅受到单因素的影响，本文也将进一步对不同条件变量间的相互作用进行分析。

表 2　　　　　　　　　　　　　影响国家审计质量的必要条件分析

	高水平国家审计质量		~ 高水平国家审计质量	
	一致性	覆盖度	一致性	覆盖度
经济社会发展水平	0.828	0.661	0.579	0.481
~ 经济社会发展水平	0.349	0.444	0.591	0.781
法治水平	0.650	0.752	0.445	0.536
~ 法治水平	0.599	0.509	0.794	0.703
审计独立性	0.910	0.627	0.718	0.515
~ 审计独立性	0.297	0.503	0.480	0.847
审计业务范围	0.979	0.671	0.543	0.387
~ 审计业务范围	0.106	0.183	0.540	0.964
同业复核	0.461	0.812	0.307	0.563

	高水平国家审计质量		~高水平国家审计质量	
	一致性	覆盖度	一致性	覆盖度
~同业复核	0.752	0.511	0.898	0.634
职业发展水平	0.857	0.657	0.600	0.479
~职业发展水平	0.320	0.435	0.570	0.805

资料来源：笔者根据联合国人类发展指数、世界治理指标和 OBS 问卷整理计算。

（二）充分条件组态分析

在必要条件分析的基础上，本文继续采用 fsQCA 3.0 软件对高水平国家审计质量的充分条件进行组态分析。本文将原始一致性的阈值设定为 0.8，案例频数的阈值设定为 1。基于对已有文献的回顾，本文认为六个前因变量均能对国家审计质量的提升产生积极贡献，因此在反事实分析中本文假设这些条件均出现。

通过标准化分析，研究得到复杂解、简约解和中间解。一般来说，中间解较好地将理论的精简性与对现实的贴合性进行了平衡，相对于复杂解和简约解而言拥有更好的代表性。表 3 为采取了拉金和菲斯（Ragin and Fiss，2008）所提出的 QCA 分析结果呈现形式的中间解结果，其中，共有 5 组条件组态呈现出了高水平的国家审计质量。通过中间解与简约解的嵌套关系对比，本文也识别了每个条件组态中所存在的核心条件与边缘条件。其中，核心条件同时出现于简约解和中间解中，对条件组态起主要的解释；边缘条件仅存在于中间解中，对条件组态的解释起辅助作用。

表 3　　　　　　　　　　高水平国家审计质量的组态分析

条件组态	S1	S2	S3	S4	S5
经济社会发展水平		●	●		
法治水平	●				
审计独立性	●	●		●	●
审计业务范围	●	●	●		●
同业复核					●
职业发展水平			●	●	
原始覆盖度	0.613	0.766	0.783	0.790	0.448
唯一覆盖度	0.013	0.011	0.044	0.026	0.017
一致性	0.869	0.812	0.794	0.810	0.902
总体解的覆盖度	0.904				
总体解的一致性	0.784				

注：●表示该条件存在，且为核心条件。

资料来源：笔者根据联合国人类发展指数、世界治理指标和 OBS 问卷整理计算。

与组解的具体分析如下：条件组态 S1 表明，良好的法治水平、具备较强审计独立性的 SAI 和全面的审计业务范围能够产生高水平的国家审计质量。良好的法治为国家审计的运行提供了法律框架的支持，并为国家审计保持独立和公正提供了制度保障。通过对于公共部门在合规、财务、绩效等方面开展独立监督，审计机关也能够增强自身的发现与揭示能力，又为国家的法治建设起到了促进作用，最终形成"法治建设—国家审计"之间的良性循环，不断推进着国家审计的发展。

条件组态 S2 表明，先进的经济社会发展水平、具备较强审计独立性的 SAI 和全面的审计业务范围能够产生高水平的国家审计质量。与条件组态 S1 有所不同，在条件组态 S2 中则是经济社会发展水平这一环境要素与其他因素间产生了相互作用，表明经济社会发展水平也可与审计机关组织效率产生特定的相互作用。相对而言，经济发展水平较高的国家，国家审计的发展历程也相对较长，审计机关在若干年的发展中也会积累更多的经验，开发出更多的审计技术，也相对而言会得到更多的审计资源支持，为取得良好的国家审计质量奠定了基础。

条件组态 S3 表明，先进的经济社会发展水平、全面的审计业务范围以及拥有优秀执业水平的审计人员能够产生高水平的国家审计质量。值得注意的是，在 5 组解中，条件组态 S3 较为特殊，是简约解"经济社会发展水平＊审计业务范围"与"审计业务范围＊职业发展水平"的交集，这也表明，在该组解中，审计业务范围与其他两个因素间均能产生强烈且特殊的相互作用。同时，该组解也同时包括了三个维度的前因变量，具备了最高的原始覆盖度，表明更多高水平国家审计质量的案例国家并非仅通过某几个维度的努力来强化国家审计。本文认为，经济发展水平较高的国家相应地会更加重视各机构部门在国家治理中的重要作用，能够保障审计人员不易因薪资待遇而丧失基本的独立性。同时，审计活动的实际执行者、高素质的审计人才无疑能为增强审计质量作出重要贡献。

条件组态 S4 表明，具备较强审计独立性的 SAI、全面的审计业务范围和拥有优秀执业水平的审计人员能够产生高水平的国家审计质量。与条件组态 S3 相比，该路径更加明确了 SAI 的独立性。在该组态下，审计机关拥有开展独立监督活动的能力与权限，与被审计单位之间不存在利益纠葛，能够发现并报告审计活动中所发现的问题，是国家审计取得高水平审计质量最为普遍与理想的一种模式。

条件组态 S5 表明，具备较强审计独立性的 SAI、全面的审计业务范围和积极实施外部同业复核能够产生高水平的国家审计质量。在 5 组解中，仅该条件组态强调了外部同业复核的重要作用，但也表明，同业复核对于国家审计质量的促进是建立在一定基础之上的，即同业复核作用的发挥，需要 SAI 具备较强的组织效率。同业复核本身是一种对于审计活动的事后再监督机制，与其他质量控制活动相比其控制属性更弱，更加依赖于审计活动原本的活动质量。因此，在缺乏审计组织效率的情况下，同业复核的作用便难以得到发挥。

值得注意的是，审计业务范围这一必要条件出现在了每一条件组态之中。本文认为，这一前因变量作用的发挥可能是多维度的。从审计类型上看，大多数国家均开展了合规性审计与财务审计这两种传统的国家审计类型，而绩效审计的普遍度则更低。全面开展三种类型的审计，一方面，从过程维度看，可以表现出一个国家对于国家审计地位的重视，对国家审计的发展及审计活动的开展形成帮助，另一方面，基于结果维度分析，多种类型审计活动的开展也有助于国家审计从多方面发挥其监督作用。

在此基础上，综合对比各条件组态，也能有更加深入的发现。对比条件组态 S1 与条件组态 S2 可以发现，特定条件下，经济社会发展水平与法治建设之间可能存在着一定的相互替代性。本文认为，随着经济社会的不断发展，法治化建设也会逐渐成为国家的一个发展重心，经济建设与法治环境之间可能存在一种正相关的关系，这也对两者间可能存在的相互替代关系形成了一定解释。虽然同属宏观环境因素，但是由于本质属性的不同，二者因此也并不具备完全的等效替代性。同样，对比条件组态 S4 与条件组态 S5 也可以发现，职业发展水平与同业复核也可能存在潜在的相互替代关系。本文认为，职业发展水平是提升国家审计质量的内在因素，能够直接作用于国家审计质量；而同业复核则是提升国家审计质量的外部因素，是对既定条件下审计质量的再提升，作用相对间接。除此之外，各路径中的前因变量均以核心条件的形式存在，也表明了国家审计质量的提升对多种因素都存在着依赖，不存在提升国家审计质量的单一路径。

（三）稳健性检验

为了确保 QCA 实验结论的可靠性，QCA 研究者们总结出了调整校准阈值、改变案例频数、变动一致性水平阈值等集合论特有的稳健性检验方法（张明和杜运周，2019）。本文采用变动一致性水平阈值、改变案例频数的方法进行实验结果的稳健性检验。

首先，本文借鉴了奥达尼尼等（Ordanini et al.，2014）的做法，将以一致性水平的阈值提高了 0.05，即将 0.85 作为组态分析的一致性水平阈值，并得到了 3 组解，即"法治水平＊审计独立性＊审计业务范围""经济社会发展水平＊～审计独立性＊审计业务范围＊职业发展水平"和"经济社会发展水平＊审计业务范围＊同业复核＊职业发展水平"。其中，第一组解与充分条件组态分析中的条件组态 S1 保持一致，后两组解均为条件组态 S3 的子集，符合提高一致性阈值后的理论预期。同时，总体解的一致性水平提升至 0.847，总体解的覆盖度则下降至 0.709，亦符合理论预期。最后，本文再次采用调整案例频数的方法，将案例频数设定为 2 进行充分条件分析，调整后的实验结果与条件组态 S3 相同，总体解的一致性及覆盖度水平变化亦均符合理论预期，表明本文研究结论具备稳健性。

五、结论与建议

本文以 98 个国家为样本，运用模糊集定性比较（fsQCA）方法对国家审计质量的影响因素和驱动路径进行了分析。研究发现，国家审计质量的影响因素涉及外部环境、组织效率及职业能力等不同层次，且提高国家审计质量的路径也有不同的策略组合。

　　首先，组织效率是影响国家审计质量的先决条件，例如，组织效率中的业务类型多样性同时出现在五组驱动路径中，是国家审计质量的必要条件；组织效率中的审计独立性在 5 组驱动路径中出现了四次，是高水平国家审计质量的重要前提。其次，经济社会发展水平、法治水平等宏观环境因素也是影响国家审计质量的重要因素。经济发展水平高为国家审计组织建设提供了必要的资源，而法治水平为审计监督提供了较好的制度保障。最后，代表职业能力的人力资本水平也能影响国家审计质量。依据研究结果，可以得到以下几点启示：（1）提升国家审计质量需要多管齐下，影响国家审计质量的各层次因素之间存在协同并发效应，依靠单独的手段并不能直接对国家审计质量产生影响，只有多路径、多策略协同才能产生更好的效果。（2）各国外部环境与人力资本水平发展水平参差不齐，一国如需提高本国国家审计质量，则应结合本土环境与现有资源，因地制宜地制定适合本国国情的国家审计质量提升策略。

　　本研究对我国国家审计质量水平提高也有重要的政策启示。党的十九大报告提出"改革审计管理体制，健全党和国家监督体系"的战略目标，并于 2018 年成立了中央审计委员会，国家审计的独立性及权威性正逐步提高。随着审计全覆盖、政策跟踪审计、领导干部自然资源资产离任审计的推进，我国审计业务范围也逐渐拓展。这些改革都为中国特色社会主义国家审计的质量提升提供了组织与制度保障。为进一步促进我国国家审计质量的提高，我们还需要加大审计相关的法治建设，严格执行依法审计要求，为审计监督创造良好的法律环境。此外，还需深入推进审计职业化建设，为国家审计事业发展提供高水平的人力资本储备，通过多措并举，因地制宜、因时制宜构建中国特色社会主义国家审计质量的提升策略。

参考文献

[1] 陈波. 同业互查制度与国家审计的质量控制 [J]. 审计与经济研究，2007（5）：23-25.

[2] 程乃胜，吴静. 国家审计财务资源投入绩效研究——基于中国省级预算执行审计数据的实证分析 [J]. 会计之友，2019（8）：6-12.

[3] 程莹，欧阳华生. 政府审计透明度评价体系构建与国际比较 [J]. 审计研究，2010（3）：15-21.

[4] 程莹. 双重领导管理体制下影响地方政府审计质量的因素分析 [J]. 审计与经济研究，2015，30（4）：67-76.

[5] 董延安. 国家审计质量的影响因素及其路径分析——基于我国财政财务收支审计的视角 [J]. 审计与经济研究，2008（1）：40-45.

[6] 黄溶冰. 经济责任审计的审计发现与问责悖论 [J]. 中国软科学，2012（5）：182-192.

[7] 黄溶冰，王跃堂. 我国省级审计机关审计质量的实证分析（2002—2006）[J]. 会计研究，2010（6）：70-76，96.

[8] 李丹. 基于 ROC 曲线的政府审计质量评价研究 [J]. 财会通讯，2019（10）：89-93.

[9] 马曙光. 政府审计人员素质影响审计成果的实证研究 [J]. 审计研究，2007（3）：24-29.

[10] 马轶群. 国家审计质量的区域差异性研究——基于动态面板的系统广义矩估计检验 [J]. 当代财

经，2014（11）：119 – 128.

[11] 乔雅婷，时现. 基于 SSM 的国家审计机关绩效评价模型构建及应用研究 [J]. 审计研究，2019 （2）：25 – 34.

[12] 尚兆燕. 国家审计判断绩效：实证调查和分析 [J]. 审计与经济研究，2011，26（1）：30 – 39.

[13] 苏孜，何延平. 基于 AHP 的审计机关绩效评价指标体系构建与应用 [J]. 经济与管理，2017，31 （2）：56 – 62.

[14] 王芳. 政府审计质量的影响因素研究 [D]. 复旦大学博士学位论文，2009.

[15] 王芳，周红. 政府审计质量的衡量研究：基于程序观和结果观的检验 [J]. 审计研究，2010（2）： 24 – 29.

[16] 王学龙，王复美. 审计机关绩效评价指标体系构建——以审计署绩效报告为例 [J]. 审计研究， 2015（1）：52 – 59.

[17] 吴联生. 政府审计机构隶属关系评价模型——兼论我国政府审计机构隶属关系的改革 [J]. 审计研 究，2002（5）：14 – 18.

[18] 吴秋生，上官泽明. 国家审计本质特征、审计结果公告能力与国家治理能力——基于 81 个国家的 经验数据 [J]. 审计与经济研究，2016，31（2）：14 – 22.

[19] 张立民，邢春玉，温菊英. 国有企业政治关联、政府审计质量和企业绩效——基于我国 A 股市场 的实证研究 [J]. 审计与经济研究，2015，30（5）：3 – 14.

[20] 张明，杜运周. 组织与管理研究中 QCA 方法的应用：定位，策略和方向 [J]. 管理学报，2019， 16（9）：1312.

[21] 赵劲松. 关于我国政府审计质量特征的一个分析框架 [J]. 审计研究，2005（4）：65 – 68.

[32] 郑石桥，许莉. 政府干预对审计处理执行效率影响研究 [J]. 江西财经大学学报，2011（1）：19 – 23.

[23] 郑石桥，尹平. 审计机关地位、审计妥协与审计处理执行效率 [J]. 审计研究，2010（6）：53 – 58.

[24] Baber W. R. Toward understanding the role of auditing in the public sector [J]. Journal of Accounting and Economics，1983，5：213 – 227.

[25] Beatty R. P. Auditor reputation and the pricing of initial public offerings [J]. Accounting Review，1989： 693 – 709.

[26] Caruana J. , Kowalczyk M. The Quest for Audit Quality in the Public Sector [J]. Accounting in Europe， 2020：1 – 25.

[27] Chan H. S. , Su Tsai-Tsu. Accountability and Public Governance in Greater China [J]. Australian Journal of Public Administration，2009，68：S1 – S4.

[28] Clark C. , De Martinis M. , Krambia-Kapardis M. Audit quality attributes of European Union supreme audit institutions [J]. European Business Review，2007，19（1）：40 – 71.

[29] DeAngelo L. E. Auditor size and audit quality [J]. Journal of accounting and economics，1981，3（3）： 183 – 199.

[30] Deis Jr. D. R. , Giroux G. A. Determinants of audit quality in the public sector [J]. Accounting Review， 1992：462 – 479.

[31] El-Agraa A. M. The European Union：economics and policies [M]. New York：Cambridge University Press，2011.

［32］ Favere-Marchesi M. Audit quality in ASEAN ［J］. The International Journal of Accounting, 2000, 35 （1）: 121 – 149.

［33］ Funnell W. Executive Encroachments on the Independence of the Commonwealth Auditor-General ［J］. Australian journal of public administration, 1996, 55 （4）: 109 – 123.

［34］ Harrison T. M. , Sayogo D. S. Transparency, participation, and accountability practices in open government: A comparative study ［J］. Government Information Quarterly, 2014, 31 （4）: 513 – 525.

［35］ Isaksson A-S, Bigsten A. Institution Building with Limited Resources: Establishing a Supreme Audit Institution in Rwanda ［J］. World Development, 2012, 40 （9）: 1870 – 1881.

［36］ Krishnan J. , Schauer P. C. Differences in Quality Among Audit Firms ［J］. Journal of Accountancy, 2001, 192 （1）: 85.

［37］ Mansi S. A. , Maxwell W. F. , Miller D. P. Does auditor quality and tenure matter to investors? Evidence from the bond market ［J］. Journal of Accounting Research, 2004, 42 （4）: 755 – 793.

［38］ Mir M. , Fan H. , Maclean I. Public sector audit in the absence of political competition ［J］. Managerial Auditing Journal, 2017, 32 （9）: 899 – 923.

［39］ O'Keefe T. B. , King R. D. , Gaver K. M. Audit fees, industry specialization, and compliance with GAAS reporting standards ［J］. Auditing, 1994, 13 （2）: 41.

［40］ O'Keefe T. B. , Westort P. J. Conformance to GAAS reporting standards in municipal audits and the economics of auditing: The effects of audit firm size, CPA examination performance, and competition ［J］. Research in Accounting Regulation, 1992, 6 （1）: 39 – 77.

［41］ Ordanini A. , Parasuraman A. , Rubera G. When the recipe is more important than the ingredients: A qualitative comparative analysis （QCA） of service innovation configurations ［J］. Journal of service research, 2014, 17 （2）: 134 – 149.

［42］ Ragin C. C. , Fiss P. C. Net effects analysis versus configurational analysis: An empirical demonstration ［J］. Redesigning social inquiry: Fuzzy sets and beyond, 2008, 240: 190 – 212.

［43］ Ragin C. C. The comparative method: moving beyond qualitative and quantitative strategies ［J］. 1987.

［44］ Ragin C. C. Fuzzy-set social science ［M］. Chicago: University of Chicago Press, 2000.

［45］ Rihoux B. , Ragin C. C. Configurational comparative methods: Qualitative comparative analysis （QCA） and related techniques ［M］. London: Sage Publications, 2008.

［46］ Roberts R. W. , Glezen G. W. Determinants of school district audit fees ［J］. Research in Governmental and Nonprofit Accounting, 1990, 6 （1）: 127 – 147.

［47］ Samelson D. , Lowensohn S. , Johnson L. E. The determinants of perceived audit quality and auditee satisfaction in local government ［J］. Journal of Public Budgeting, Accounting & Financial Management, 2006, 18 （2）: 139 – 166.

［48］ Sutton S. G. , Lampe J. C. A framework for evaluating process quality for audit engagements ［J］. Accounting and Business Research, 1991, 21 （83）: 275 – 288.

国家审计服务全面实施预算绩效管理[*]

——机理、路径与对策

王晓丹 陈希晖 王会金[**]

摘 要 本文分析了审计机关服务全面实施预算绩效管理的机理、路径，并在实地调研的基础上提出完善对策。审计机关在开展审计工作时，通过出具审计报告、审计处理处罚、审计事项移送处理、审计结果公布、审计整改检查等方式，发挥其国家治理功能，以服务于全面实施预算绩效管理。通过丰富审计项目形式、逐步拓展审计广度、创新审计结果运用、推进预算绩效指标和标准体系构建、推动预算绩效管理信息互联互通、加强顶层设计和经验总结等举措，国家审计可以更好地服务全面实施预算绩效管理。

关键词 全面实施预算绩效管理 国家审计 绩效审计 审计监督 国家治理

National Audit Serve Fully Implement Budget Performance Management

—Mechanism，Paths and Countermeasures

Wang Xiaodan[1]，Chen Xihui[1]，Wang Huijin[2]

1. School of Government Audit，Nanjing Audit University
2. Nanjing Audit University

Abstract：The article analyzes the mechanisms and paths by which audit agencies serve fully implement budget performance management，and proposes improvement countermeasures on

---

* 基金项目：南京审计大学国家审计研究院课题"审计服务全面预算绩效管理的路径研究"（20XSJB03）。

** 作者简介：王晓丹（1981— ），男，江西上饶人，南京审计大学政府审计学院讲师，经济学博士，主要研究方向为政府审计；陈希晖（1972— ），男，河北沧州人，南京审计大学政府审计学院副教授，管理学博士，主要研究方向为绩效与资源环境审计、审计准则与法规；王会金（1962— ），男，浙江东阳人，南京审计大学党委副书记、副校长、教授，管理学博士，主要研究方向为审计理论与实务。

the basis of field research. Audit agencies use the paths of issuing audit reports，audit punish-ment，audit matter transfer and handling，audit results announcement，audit rectification in-spections to play their functions of national governance，thus serving fully implement budget per-formance management. National audit can better serve fully implement budget performance man-agement through measures such as enriching the forms of audit projects，expanding the breadth of audit gradually，innovating the use of audit results，promoting the establishment of budget per-formance indicators and standard system，promoting the interconnection of budget performance management information，strengthening top-level design and experience summary.

Keywords：fully implement budget performance management；national audit；performance audit；audit supervision；national governance

一、引　　言

2017 年 10 月，党的十九大正式提出了全面实施预算绩效管理的要求。2018 年 9 月，中共中央、国务院发布《关于全面实施预算绩效管理的意见》（以下简称《意见》），进一步明确了相应的目标与任务。全面实施预算绩效管理是党中央、国务院深化财税体制改革、建立现代财政制度的重大战略举措，是推进国家治理体系和治理能力现代化的内在要求。国家审计是党和国家监督体系的重要组成部分，在推进国家治理体系和治理能力现代化方面发挥着重要作用，是国家治理系统中内生的具有揭示、抵御和预防功能的"免疫系统"（刘家义，2012）。发挥国家审计常态化经济体检作用，关注全面实施预算绩效管理的执行情况，并由此服务于全面实施预算绩效管理，保障国家治理目标的实现，是国家审计在国家治理中的职责之一（宋夏云和曾丹丹，2019），也是审计机关发挥经济监督职能、聚焦主责主业，促进国家审计事业高质量发展的重要路径。那么，就理论而言，国家审计服务全面实施预算绩效管理的机理何在？国家审计通过哪些途径来服务全面实施预算绩效管理，并由此推动完善国家治理？《意见》第十七项赋予审计机关对预算绩效管理的相关情况实施审计监督的权力。那么，当前审计机关开展预算绩效管理情况审计监督的实际情况如何？存在哪些问题或困难？审计机关应该如何更好地服务全面实施预算绩效管理？本文尝试对上述问题作出解答。

二、文献综述

（一）国家审计在预算绩效管理中的功能

国家审计是加强和改进预算绩效管理的重要力量（江苏省审计学会课题组，2012），国家审计之所以有这种作用，在于其在预算绩效管理中所发挥的独特功能。李美羲（2012）认为，国家审计在预算绩效管理中同时发挥建设性功能和批判性功能。不过，审计功能指其产生实际影响的能力，而审计所产生的实际影响则称为审计作用（中国特色社会主义审计理论研究课题组，2013）。因此，上述建设性功能、批判性功能应该更准确地称为国家审计在预算绩效管理中的建设性作用、批判性作用，而非其功能。关于国家审计的功能，审计学界有各种不同的观点，目前尚未形成共识。不过，由于推进全面实施预算绩效管理的出发点是完善国家治理，从国家治理的角度，国家审计对国家治理具有揭示、抵御和预防功能（刘家义，2012）。这三种功能同样会体现于全面实施预算绩效管理这一完善国家治理的工具中。需要追问的是，国家审计的上述功能如何体现在全面实施预算绩效管理中？或者，国家审计通过上述功能服务全面实施预算绩效管理的机理是怎样的？对于该问题，已有的研究尚无探讨。

（二）国家审计服务预算绩效管理的路径

对于国家审计服务预算绩效管理的路径的研究，可以将党的十九大作为分水岭。在此之前，已有的研究认为，国家审计服务预算绩效管理的路径有以下四条：一是开展经济效益审计或绩效审计；二是推动完善政府绩效管理相关法规和制度；三是推动完善政府绩效评估指标体系；四是推动审计成果在政府绩效管理中的应用（江苏省审计学会课题组，2012；甘肃省审计学会课题组，2012）。党的十九大对预算绩效管理的要求提高到"全面实施预算绩效管理"，因此对预算绩效管理的目标、实施内容等会有新的要求，这在客观上要求重新探讨国家审计服务预算绩效管理的路径。陆晓辉（2018）从审计内容、审计项目组织方式、编制政府预算绩效管理审计报告等方面探讨了国家审计推进全面实施预算绩效管理的路径。和之前的研究相比，该研究将上述《意见》的具体内容和国家审计项目的组织实施结合展开分析，因此分析结果更切合全面实施预算绩效管理的要求。

（三）审计机关实施预算绩效管理审计的相关问题

1. 开展审计项目的形式

根据已有的研究，审计机关开展预算绩效管理审计所采用的审计项目形式，可以是在财政审计中开展绩效审计，在政府投资审计、经济责任审计中开展绩效审计，也可以是独立的绩效审计项目，还可以是政策落实跟踪审计（江苏省审计学会课题组，2012；甘肃省审计学会课题组，2012；陆晓辉，2018；寇理，2020；马蔡琛和赵笛，2021）。

2. 审计广度

根据《意见》，预算绩效管理最终应实现全方位、全过程、全覆盖。与此相对应，浙江省审计学会课题组（2020）认为，在通过财政资金绩效审计对预算绩效管理情况实施审计时，其审计广度也应该体现上述"三全"要求，在审计对象上既要关注政策和项目的预算，也要关注部门、单位预算以及政府预算；在审计范围上要覆盖预算绩效管理链条的全过程，要覆盖四本预算。

3. 审计总目标

根据我国《审计法》，我国国家审计的总目标包括真实性、合法性和效益性，如果审计中涉及审计事项的有关制度，总目标还包括制度的健全性（郑石桥，2021）。已有研究认为，预算绩效管理审计既应该关注财政资金的绩效或效益性问题，也应该关注财政资金管理使用的合规性，还应该关注预算绩效管理有关制度方面的健全性问题，并推动其完善（浙江省审计学会课题组，2020；审计署广州特派办理论研究会课题组，2020）。

（四）文献评述

综上所述，已有的研究对于国家审计在预算绩效管理中的功能、国家审计推进或服务预算绩效管理的路径、实施预算绩效管理审计的审计项目组织形式、审计广度、审计总目标等问题进行了探讨，为我们认识国家审计服务全面实施预算绩效管理问题提供了较好的基础。不过，已有的研究尚未涉及国家审计服务全面实施预算绩效管理的机理为何，对于国家审计服务全面实施预算绩效管理的路径分析主要是基于国家审计的现实经验、因而缺乏一个统一的分析框架。这些问题尚有待进一步的研究。

三、国家审计服务全面实施预算绩效管理的机理

审计之所以能服务于全面实施预算绩效管理，并由此助力国家治理，其原因正在于其所具有的揭示、抵御、预防功能。其中，揭示功能是指通过开展审计工作，对审计对象的真实情况予以反映，并对其中存在的问题予以揭露；而抵御功能，是指通过在审计报告中提出审计建议，促进制度、体制、机制的完善，由此抑制经济社会系统在运行过程中可能会出现的各种问题；预防功能是指通过发挥审计的威慑作用，震慑危害公共利益的行为，预警审计中发现的苗头性、倾向性问题（刘家义，2016）。

通过审计免疫系统的上述揭示、抵御、预防功能，审计服务全面实施预算绩效管理的机理如下。

1. 发挥国家审计的揭示功能，服务全面实施预算绩效管理

审计机关通过对全面实施预算绩效管理开展监督，一是可以发现被审计单位存在的与全面实施预算绩效管理相关的信息失真及不够完整的问题；二是可以发现被审计单位落实全面实施预算绩效管理政策不到位的问题，发现被审计单位及所属工作人员在管理过程中违反全面实施预算绩效管理相关法律法规的行为；三是可以发现被审计单位预算管理中存在的各种低效问题；四是可以发现全面实施预算绩效管理相关政策法规、制度体制机制存在的缺陷或不足，发现被审计单位与全面实施预算绩效管理相关的内部控制制度中存在的缺陷或不足。通过上述途径，系统深入地揭示全面实施预算绩效管理中的各种问题。

2. 发挥国家审计的抵御功能，服务全面实施预算绩效管理

如前所述，通过发挥国家审计的揭示功能，可以发现全面实施预算绩效管理相关政

策法规、制度体制机制存在的缺陷或不足，也可以发现被审计单位与全面实施预算绩效管理相关的内部控制制度中存在的缺陷或不足。针对上述缺陷或不足，国家审计可以发挥其抵御功能，及时提出相应的完善建议，由此改进与全面实施预算绩效管理相关的制度、体制、管理。

3. 发挥国家审计的预防功能，服务全面实施预算绩效管理

国家审计的预防功能，通过其威慑和预警作用实现。一是通过国家审计对全面实施预算绩效管理开展监督，威慑潜在的与全面实施预算绩效管理相关的违法违规活动，防止潜在的违法违规转变为现实的违法违规。二是通过国家审计对全面实施预算绩效管理开展监督，及时发现全面实施预算绩效管理中的苗头性、局部性问题，及时识别全面实施预算绩效管理中的各种风险的基础上，通过预警，帮助相关部门及时纠正，防止现有的危害性较小的问题进一步升级、恶化。

当然，在开展审计监督时，国家审计服务全面实施预算绩效管理功能的发挥有赖于国家审计监督工作机制所提供的一些具体路径。那么，国家审计发挥上述功能的具体路径有哪些？本文接下来将分析这个问题。

四、国家审计服务全面实施预算绩效管理的路径

本节分析国家审计通过哪些路径发挥上述三大功能，以服务于全面实施预算绩效管理。

由于国家审计上述功能是通过国家审计工作得以实现的，因此在进行路径分析前，首先分析服务于全面实施预算绩效管理的国家审计免疫系统的工作机制，即分析这种工作机制包括哪些要素以及这些要素的关系。

（一）服务全面实施预算绩效管理的国家审计免疫系统的工作机制

审计免疫系统要服务于全面实施预算绩效管理，前提是实施与预算绩效管理相关的审计项目，无论项目开展的方式是实施预算绩效管理的专项审计调查，还是将预算绩效管理情况作为审计项目的一部分内容予以审计。正是通过开展与预算绩效管理相关的审计项目，审计免疫系统中的一些要素得以发挥其揭示、抵御、预防的功能，最终服务于全面实施预算绩效管理。

那么，服务全面实施预算绩效管理的审计免疫系统具体包含哪些要素？哪些要素能直接发挥其揭示、抵御、预防的功能？这里根据我国《国家审计准则》（以下简称《准则》）的相关规定，从审计的程序或业务流程的角度来展开分析。

1. 审计计划

按照《准则》第二十六条，审计机关要实施与预算绩效管理相关的审计项目，首先应根据审计职责及其管辖范围制定当年的审计项目计划。按照《准则》第四十七条，审计机关还需要编制审计工作方案，以对多个审计组同步开展的同类审计项目提供指导。

2. 审计实施

一旦在年度计划中确定要开展与预算绩效管理相关的审计项目，则审计机关应在年度中实施这些审计项目。在审计实施阶段的工作中，最重要的工作包括：（1）在调查了解被审计单位的有关情况的基础上，编写审计实施方案，用于指导审计实施阶段的后续各项工作，特别是取证工作；（2）按照审计实施方案的指导，审计组开展取证工作，为形成审计结论提供坚实的证据支持。

3. 出具审计报告

基于审计实施阶段所形成的审计结论，审计机关应对所实施的审计项目出具审计报告，对于被审计单位的预算绩效管理相关事项发表意见；如果涉及违规问题或需要移送其他单位处理的事项，审计机关还应在报告中发表处理处罚意见。

4. 审计处理处罚

根据《准则》第一百三十九条，审计机关应出具审计决定书，以处理处罚与预算绩效管理有关的违法违规活动。虽然在出具审计报告时，审计机关已经对审计过程中发现的违法违规问题提出了处理处罚意见，但是由于专门针对这些问题所出具审计决定书是独立于审计报告的工作机制的，在审计服务全面实施预算绩效管理过程中独立发挥作用，因此单独列出。

5. 审计事项移送处理

根据《准则》第一百二十八条，对于需要移送其他主管机关或单位处理的事项，由审计机关进行移送处理。和审计处理处罚类似，虽然在审计报告中，审计机关已经针对这些事项提出了处理意见，但是由于移送处理是独立于审计报告的工作机制的，在审计服务全面实施预算绩效管理过程中独立发挥作用，因此单独列出。

6. 审计结果公布

根据《准则》第一百五十七条，在出具审计报告后，审计机关应该向社会公布与预算绩效管理情况相关的审计或审计调查的结果，以保障公众对预算绩效管理情况审计结果的知情权。

7. 审计整改检查

根据《准则》第一百六十五条，对于在审计过程中发现与预算绩效管理相关的问题，被审计单位应当进行及时改正，审计组或审计机关有督促检查其改正的职责。从《准则》第一百六十四条所列审计整改检查的内容来看，实际上是对上述第三至第五项工作中要求有关主体进一步采取措施情况的检查，其目的在于推动审计机关的上述前期工作成果得到落实。

上文所述服务全面实施预算绩效管理的审计免疫系统的七个要素及相互间的关系如图 1 所示。

其中，后五个要素直接发挥审计在国家治理中的揭示、抵御、预防功能，本文接下来将论证这些要素发挥上述功能以服务全面实施预算绩效管理的路径。审计计划、审计实施两个要素不直接发挥上述功能，但在前端为其他五个要素发挥功能提供基础性支持。

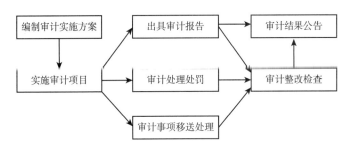

图 1　服务全面实施预算绩效管理的国家审计免疫系统的工作机制

（二）国家审计服务全面实施预算绩效管理的路径分析

国家审计免疫系统服务全面实施预算绩效管理的具体路径如图 2 所示。

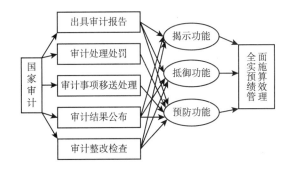

图 2　国家审计服务全面实施预算绩效管理的路径

1. 通过出具审计报告服务全面实施预算绩效管理

通过出具与全面实施预算绩效管理相关的审计报告，发挥下述功能，以服务全面实施预算绩效管理：（1）在审计报告中报告与全面实施预算绩效管理相关的问题，由此发挥揭示功能。（2）在揭示与全面实施预算绩效管理相关问题的基础上，通过在审计报告中提出改进全面实施预算绩效管理的相关建议，以帮助完善全面实施预算绩效管理相关的制度、体制、管理，由此发挥抵御功能。（3）在审计报告中报告全面实施预算绩效管理中的苗头性、局部性问题，通过提前发出警报，防止上述问题进一步恶化，由此发挥预防功能。（4）在审计报告中报告与全面实施预算绩效管理相关的违法违规问题，以威慑潜在的与全面实施预算绩效管理相关的违法违规活动，防止潜在的违法违规转变为现实的违法违规，由此发挥预防功能。例如，淮安市审计局在实施本级预算执行审计中，将资金使用的绩效情况如何列为关注重点，并充分发挥审计报告的揭示与抵御功能，在审计报告中反映相关问题，从五个方面提出相应的改进建议。上述建议得到了该市财政部门的积极采纳，有力地推动了该市预算绩效管理的完善（万波霞，2020）。

2. 通过审计处理处罚服务全面实施预算绩效管理

通过依法对预算绩效管理相关审计中发现的违法违规问题进行处理处罚，以威慑潜在的与全面实施预算绩效管理相关的违法违规活动，防止潜在的违法违规转变成现实的违法违规，由此发挥预防功能，以服务全面实施预算绩效管理。

3. 通过审计事项移送处理服务全面实施预算绩效管理

通过将审计中发现的违法违规事项移送相关主管部门处理，以威慑潜在的与全面实施预算绩效管理相关的违法违规活动，防止潜在的违法违规转变成现实的违法违规，由此发挥预防功能，以服务全面实施预算绩效管理。

4. 通过公布审计结果服务全面实施预算绩效管理

通过向社会公布与全面实施预算绩效管理相关的审计结果服务于全面实施预算绩效管理的具体路径包括：（1）在公布的审计结果中，通过披露预算绩效管理相关审计中发现的问题，由此发挥揭示功能。（2）在公布的审计结果中，通过披露相关的改进建议，以帮助完善全面实施预算绩效管理相关的制度、体制、管理，由此发挥抵御功能。（3）在公布的审计结果中，通过披露与全面实施预算绩效管理相关的苗头性、局部性问题，由此发挥预防功能。（4）在公布的审计结果中，通过披露与全面实施预算绩效管理相关的违法违规问题，可以威慑潜在的与全面实施预算绩效管理相关的违法违规活动，防止违法违规从潜在的意念转化为现实的活动，由此发挥预防功能。

当然，以上仅分析了公布审计结果本身如何服务全面实施预算绩效管理。一旦审计机关公布了与全面实施预算绩效管理相关的审计结果后，可以为社会公众开展群众监督、新闻媒体开展舆论监督提供信息支持。根据公布的审计结果，社会公众及新闻媒体可以发挥自身独特的监督职能，例如，基于自身的独特视角进一步挖掘全面实施预算绩效管理中存在的问题、提出完善全面实施预算绩效管理的意见或建议等。由此，国家审计监督、群众监督及舆论监督实现了对全面实施预算绩效管理的协同监督。

5. 通过审计整改检查服务全面实施预算绩效管理

通过对预算绩效管理相关审计结果进行整改检查，审计机关可以发挥下述功能，以服务全面实施预算绩效管理：（1）在审计整改检查中发现相关单位整改不到位的问题，由此发挥揭示功能。（2）通过审计整改检查，督促相关单位根据审计机关的审计建议采取措施，以促进完善全面实施预算绩效管理相关的制度、体制、管理，由此发挥抵御功能。（3）通过审计整改检查，督促相关单位对审计机关之前就预算绩效管理相关的事项所作出的决定或处理采取进一步的相应措施，以威慑潜在的与全面实施预算绩效管理相关的违法违规活动，由此发挥预防功能。

当然，国家审计到底能在多大程度上发挥其国家治理的上述 3 种功能，除了需要充分发挥上述 5 种审计工作机制的作用外，还取决于这些审计工作机制所形成的审计结果在多大程度上能够得到运用。对于湖南省审计厅的预算绩效管理审计结果，湖南省建立了结果共用机制，由湖南省财政厅在预算编制、预算调整、考核市县财政管理等环节应用相关审计结果（审计署审计宣传中心，2020），这是预算绩效管理审计结果应用方面的有益探索。

五、国家审计服务全面实施预算绩效管理的现状及存在的问题

对于实践中国家审计如何服务于全面实施预算绩效管理，我们对一些地方审计机关

进行了调研。以下为调研结果。

（一）地方审计机关对预算绩效管理情况实施审计的现状

目前，接受调研的地方审计机关均落实《意见》要求，对当地相关审计对象实施预算绩效管理的情况进行了审计。就实施审计时所采用的项目形式而言，主要是通过政策跟踪落实审计、预算执行审计、财政专项资金审计等形式开展；就审计对象而言，主要是专项资金（例如，民生类、社会发展类专项资金）、重大项目和重大政策（例如，乡村振兴战略）；就审计目标而言，重点关注的是被审计单位的预算绩效管理行为是否合规，以及项目和资金的预算绩效目标是否实现。

（二）地方审计机关开展预算绩效管理情况审计时存在的问题

通过调研我们发现，目前地方审计机关在开展预算绩效管理情况审计时，存在一些共性的问题。

1. 开展审计项目的形式较为单一

目前，接受调研的地方审计机关开展相关审计项目的形式，主要是结合"两统筹"的要求，在政策跟踪落实审计、预算执行审计、财政专项资金审计中融合开展预算绩效管理情况审计，尚未专门就预算绩效管理情况开展单独的专项审计调查，也没有单独设立审计项目开展预算绩效管理情况审计。而且，在政策跟踪落实审计中，关注的是乡村振兴战略等具体政策的预算绩效管理情况，而没有把全面实施预算绩效管理单独作为国家重大政策予以关注。上述预算绩效管理情况审计的形式，虽然能够在局部和在一定程度上关注到预算绩效管理情况及其存在的问题，但是由于审计力度的不足，容易导致"只见树木不见森林"、缺乏全局意识的问题，也容易导致因审计目标不够聚焦，对全面实施预算绩效管理领域的深层次问题认识不足的后果。

2. 审计的广度有待拓展

从我们在调研过程中所了解的情况来看，目前接受调研的地方审计机关基本实现了预算绩效管理全过程的审计监督，审计中不仅关注预算执行阶段的绩效管理情况，也关注预算编制阶段的绩效目标设置的合理性、决算和评估阶段的绩效评价情况等。但是，在全方位、全覆盖这两方面还有待进一步加强。全方位方面，接受调研的审计机关主要关注的是一些政策及项目资金的绩效管理的情况，而对于部门和单位预算以及政府预算整体的绩效管理情况，目前尚缺乏关注。全覆盖方面，接受调研的审计机关目前主要关注的是一般公共预算的绩效管理情况，而对于其他3本预算的绩效管理情况，目前尚缺乏关注。

3. 缺乏权威的审计评价标准

评价审计对象绩效如何的前提之一，是要具备与审计事项相关的审计标准。根据《意见》第十三项的要求，构建和完善绩效指标体系及绩效标准体系是财政部门、行业主管部门的职责。如果这些部门已经完成了上述工作，那么审计人员在评价审计对象的绩效时就有了权威的审计评价标准。不过，目前这项工作整体进展滞后，这就导致在绝大多数情况下，审计人员只能采用被审计项目经预算批复的项目绩效目标或者自己设计绩效评价指标和标准体系作为审计标准，而这两者都存在权威性不足、独立性不够的问题。

4. "信息孤岛""数据烟囱"制约审计工作的开展

《意见》第十二项要求加快预算绩效管理中的信息化工作，促进政府、部门和单位间的相关信息实现互联互通，以打破"信息孤岛"和"数据烟囱"。不过，目前这项工作整体进展滞后，接受调研的审计机关普遍表示，由于相关信息未实现互联互通，很大程度上制约了预算绩效管理情况审计的有效开展。例如，某省会城市所属某区审计局表示，在审计过程中，被审计单位一般都会依法提供财政财务收支数据，但是当审计人员要求提供户籍信息等业务数据时，往往因保密原因而被拒绝。然而，这些业务数据正是审计人员进行关联比对或绩效评价时所需要的，无法获得这些业务数据使得上述工作无法开展。

5. 缺乏经验总结和案例指引影响审计质量

优秀审计经验的总结，有助于对同领域的审计工作提供指导。由于开展预算绩效管理情况审计的时间比较短，目前相关的审计经验积累不够，因此还没有制定出该领域的审计指引和典型案例。接受调研的审计机关表示，由于目前还没有成熟的预算绩效管理审计经验总结和案例指引，审计人员在开展预算绩效管理情况审计时，更多是依赖于自己已有的审计经验、能力和判断力，从而影响了审计服务全面实施预算绩效管理的质量。

六、国家审计更好地服务全面实施预算绩效管理的对策建议

（一）丰富审计项目形式，加大审计力度

在其他条件相同的情况下，审计机关的审计力度越大，其服务于全面实施预算绩效管理的效能就越高。如前面所述，目前在预算绩效管理情况审计中，接受调研的审计机关存在审计项目组织方式单一、审计力度不足的问题。为了让国家审计更好地服务于全面实施预算绩效管理，审计机关可以考虑将全面实施预算绩效管理政策落实情况纳入政策落实跟踪审计的审计内容，或者就上述情况实施专项审计调查，待时机成熟后，开展独立型的预算绩效管理审计，由此助推全面实施预算绩效管理改革。

（二）有序推进预算绩效管理审计，逐步拓展审计广度

如前面所述，目前接受调研的审计机关还没有实现全方位、全覆盖的预算绩效管理情况审计。建议审计署根据各部门、各地方推进预算绩效管理的进度，适时拓展审计广度，逐步实现预算绩效管理情况审计的全方位和全覆盖。例如，在全覆盖方面，在近期可主要关注一般公共预算的预算绩效管理情况；在中长期，可进一步将预算绩效管理情

况审计的审计范围拓展到其他 3 本预算。

（三）创新审计结果运用机制，充分发挥审计效能

审计服务全面实施预算绩效管理的效果，既取决于充分发挥出具审计报告、审计整改检查等审计工作机制的作用，还取决于上述机制形成的审计结果在多大程度上得以运用。建议中央审计委员会研究出台预算绩效管理审计结果运用的相关规定，以创新审计结果运用机制，发挥审计经济体检作用，以更好地发挥审计服务全面实施预算绩效管理的效能。例如，可以考虑规定财政部门及时研究预算绩效管理审计中发现的典型性、普遍性、倾向性问题，将其作为完善全面实施预算绩效管理制度的重要参考；相关主管部门应该将预算绩效管理审计结果运用于预算安排与政策调整；相关主管部门应该加强对预算绩效管理审计发现问题整改落实情况的督查。

（四）推进预算绩效指标和标准体系的构建，助力预算绩效管理情况审计

如前面所述，目前相关部门在构建预算绩效指标和标准体系方面，进展滞后。这不仅不利于全面实施预算管理，同时也使预算绩效管理审计缺乏权威的审计标准，不利于预算绩效管理情况审计。建议审计署在审计时对上述问题展开调查，在核实的基础上，通过审计信息向中央审计委员会及国务院报告，由此推进预算绩效指标和标准体系的构建。

（五）以审促改，推动预算绩效管理信息的互联互通

如前面所述，目前接受调研的审计机关所在地的各政府、部门及单位的业务、财务、资产等预算绩效管理信息尚未实现互联互通。这不仅不符合《意见》的要求，也不利于相关审计工作的开展。建议审计署在审计时对上述问题展开调查，在核实的基础上，通过审计信息向中央审计委员会及国务院报告，由此推动预算绩效管理信息的互联互通。

（六）加强顶层设计和经验总结，为预算绩效管理情况审计提供指导

针对当前地方审计机关在实施预算绩效管理情况审计中存在的问题，建议审计署加强顶层设计，研究出台《审计署关于审计工作更好地服务全面实施预算绩效管理改革的意见》，明确预算绩效管理情况审计的项目组织方式、审计内容及重点等问题。在总结已有预算绩效管理情况审计成功经验的基础上，探索制定预算绩效管理情况审计的案例指引。同时，在审计署制订的财政审计项目工作方案中，增加预算绩效管理审计相关内容，为各地开展相应的审计工作提供统一指导。

参考文献

[1] 甘肃省审计学会课题组. 国家审计与政府绩效管理 [J]. 审计研究，2012（6）：40 - 44.

［2］ 江苏省审计学会课题组. 国家审计与政府绩效管理［J］. 审计研究，2012（2）：41 － 45.

［3］ 寇理. 以财政资金绩效审计推动全面实施预算绩效管理［J］. 审计观察，2020（9）：59 － 62.

［4］ 李美羲. 审计在政府绩效管理中作用分析［J］. 辽宁经济，2012（3）：94 － 96.

［5］ 刘家义. 论国家治理与国家审计［J］. 中国社会科学，2012（6）：60 － 73.

［6］ 刘家义. 中国特色社会主义审计理论研究［M］. 北京：商务印书馆，2016.

［7］ 陆晓辉. 对审计推进全面实施预算绩效管理的思考［N］. 中国审计报，2018 － 12 － 12（005）.

［8］ 马蔡琛，赵笛. 论全面预算绩效管理背景下的绩效审计体系构建［J］. 财政科学，2021（4）：40 － 49.

［9］ 审计署广州特派办理论研究会课题组. 从预算绩效管理看财政资金绩效审计［J］. 审计观察，2020（2）：20 － 27.

［10］ 审计署审计宣传中心. 湖南：财政审计协同联动 推进全面预算绩效管理［EB/OL］. http：// finance. people. com. cn/n1/2020/0721/c1004 － 31791585. html，2020 － 07 － 21.

［11］ 宋夏云，曾丹丹. 国家审计推动完善国家治理现代化的路径研究［J］. 中国审计评论，2019（1）：26 － 33.

［12］ 万波霞. 落实审计整改，积极推进预算资金绩效管理改革［EB/OL］. http：//sjj. huaian. gov. cn/ gzdt/sjdt/content/202009/1600996620424ktUC1JbW. html，2020 － 09 － 25.

［13］ 浙江省审计学会课题组. 全面预算绩效管理背景下财政资金绩效审计研究［J］. 审计研究，2020（1）：16 － 23.

［14］ 郑石桥. 审计基础理论［M］. 北京：中国人民大学出版社，2021.

［15］ 中国特色社会主义审计理论研究课题组. 国家审计功能研究［J］. 审计研究，2013（5）：3 － 9.

新监督体系背景下审计监督促进法纪监督功效研究[*]

徐荣华[**]

摘　要　党的十九大报告深化认识了中国特色社会主义监督制度，着眼于健全党和国家监督体系。新监督体系背景下，为便于反腐败斗争的开展，需要把握和正确协调审计监督与法纪监督的内在关系，充分利用审计监督的特点和优势，让审计监督促进与实现法纪监督的功效。审计监督与法纪监督历史渊源相同，都是监督经济管理活动中的违法违纪和犯罪行为，但监督主体和客体以及监督处罚权限不同。审计监督促进法纪监督功效具有重要意义，并且具有内在驱动和现实路径。进一步提高审计监督在法纪监督中的作用，需要健全制度、政策、条件及策略等保障机制。

关键词　新监督体系　审计监督　法纪监督　监督机制　监督效果

Study on Mechanism of Audit Supervision Preceding over Judicial & Discipline Supervision

Xu Ronghua

"the Belt and Road" Research Institute of Ningbo University,

Business School of Ningbo University

Abstract：The report at 19th CPC National Congress deepen our understanding of the socialist supervision system with Chinese characteristics, aiming to improve the supervision system of the Party and the State. Under the background of new supervision system, in order to carry out the anti-corruption struggle, it is necessary to grasp and correctly coordinate the inherent relation-

---

　*　基金项目：国家社会科学基金一般项目"新时代我国审计体制机制改革研究"（20BZZ062）。

　**　作者简介：徐荣华（1972—），男，安徽合肥人，宁波大学商学院副教授，管理学博士，应用经济学博士后，主要研究方向为审计理论与实务。

ship between audit supervision and judicial & discipline supervision, make full use of the characteristics and advantages of audit supervision, so that audit supervision can promote and realize the effectiveness of judicial & discipline. Audit supervision has the same historical origin as judicial & discipline supervision, both of which supervise illegal and criminal acts in economic management activities, but the subject and object of supervision and the punishment authority of supervision are different. It is of great significance for audit supervision to promote the efficacy of law and discipline supervision, which also has internal drive and realistic path. To further improve the role of audit supervision in law and discipline supervision, we need to improve the guarantee mechanisms such as systems, policies, conditions and strategies.

Keywords: new supervision system; audit supervision; judicial & discipline supervision; supervision mechanism; supervision effect

　　党的十九大报告从健全党和国家监督体系的战略高度重新审视与谋划监督制度，明确要求“构建党统一指挥、全面覆盖、权威高效的监督体系，把党内监督同国家机关监督、民主监督、司法监督、群众监督、舆论监督贯通起来，增强监督合力”。显然，党的十九大报告深化了中国特色社会主义监督制度的认识，将党的十八届四中全会《中共中央关于全面推进依法治国若干重大问题的决定》（以下简称《决定》）提出的“八大监督”整合为“六大监督”，特别是将审计监督与人大监督、行政监督相融合，成为新的国家机关监督。同时，从国家监督体系的全新视角促进中共中央办公厅、国务院办公厅印发的《关于实行审计全覆盖的实施意见》（以下简称《意见》）的全面有效贯彻。新监督体系的根本目的在于增强监督合力和效果，主要手段是整合各种监督力量，充分、有效发挥国家机关协同监督作用。围绕新监督体系，需要重新思考和认真审视审计监督的内涵、功能与职责，特别是立足于当前反腐败斗争的需要，加大违法乱纪行为的审查力度，注重把握和正确协调审计监督与法纪监督的关系，充分利用审计监督的特点和优势，促进法纪监督提质增效，防范化解国家机关工作人员的司法风险，减少违纪违法以及各类经济犯罪行为的发生，力争避免给党和国家造成不必要的经济损失。

一、审计监督与法纪监督之关系辨析

　　《辞海》将监督解释为“监察督促”。[①] 审计机关依法独立审查被审计单位的财政财务收支，并就其真实性、合法性和效益性出具审计报告和建议，这一过程便是审计监督。审计监督是一项独立的经济监督活动，由法定审计机关依法、独立审计，并依法作出审计决定。法纪监督是党内监督和司法监督的合称，也包含国家机关监督（审计监督除外）的违法违纪和经济犯罪行为的内容，是对国家法律、财经制度和党纪执行情况的监督，

---

① 《辞海》，上海辞书出版社，2010 年 4 月第 1 版，第 879 页。

是对所有行使公权力的国家公职人员和党员干部违法违纪及犯罪行为的纠正与查处，是依据党纪国法的尺度衡量党政国家机关、企事业单位及其相关人员行为是否违法违纪和犯罪的整个过程。

（一）审计监督与法纪监督历史渊源同出一脉

据《周礼》记载，早在西周时期我国就出现了带有审计性质的财政经济监察工作。中央政权专设"宰夫"负责审计职责，通过审查"财用之出入"，并享有"考其出入，而定刑赏"的职权。随后，秦、汉均曾采用"上计制度"，用以审查、监督财务收支有无差错，并借以评价有关官吏政绩。隋唐在刑部之下设立"比部"，建立了较为独立的行使审计职能的专门机构。宋代设立"审计司"，审计一词正式出现（审计署法制司和国务院法制办财会司，2006）。从我国古代审计的产生与发展来看，审计是出于考核监督财政收支和官吏经济职责履行情况的需要，财经法纪审计工作主要由负责监察的御史官员承担（李金华，2004）。由此可见，审计从最初开始，便置身于司法系统，审计监督也就被打上了深深的法纪监督的烙印。"中国古代把财政财务审计置于司法系统之下，渊源于《周礼》所载宰夫掌治法。这使财政财务审计从一有明确记载开始，就具有司法监督的性质"（方宝璋，2006）。

中华民国时期，北京政府仿效西方资本主义国家，设立"审计院"负责全国审计工作，对国会负责，受"大总统"领导。国民政府则将审计部设于"监察院"名下，既沿袭了历史上御史监察制度，又吸收了西方审计制度超然独立的鲜明特征。中华人民共和国成立初期，基于以往革命根据地、解放区的审计制度，审计机构内设于中央财政部及地方各级政府财政部门，主要是配合财政部门自身管理工作，开展财政收支审计。不久后，由于种种原因，审计机构被撤并，审计职能由各级财政检查机构取代。改革开放以来，随着国家各项工作转移到经济建设上来，根据1982年《宪法》，审计署于1983年成立，受国务院领导。地方审计机关也随之成立。在长期审计实践中，合规性审计是审计监督的重要内容。为了更好地履行审计监督职责，审计机关一直将发现问题、揭露问题与促进整改三个环节有机地结合起来，将审计中发现的违法违纪重要线索及时移交给纪委、监察等法纪监督部门，有力地配合了大案要案的查处。党的十九大提出深化国家监察体制改革，组建监察委员会并与纪委合署办公，党政联合，实现对所有行使公权力的公职人员监察全覆盖。在新监督体系背景下，必然要求审计机关与新组建的监察委员会进行充分有效对接，明确双方监督对象和范围，厘清各自监督职责和权限，实现审计监督与法纪监督的深度融合。

（二）审计监督与法纪监督的共同点

（1）都要依法监督。针对经济活动领域的违法违纪和犯罪行为的监督，是一种广义的法律监督（张智辉，2003），泛指一切国家机关、社会组织和公民对各种法律活动的合法性所进行的监察和督促（乔克裕，1997）。其中，审计监督权由法定的审计机关独立行使。审计机关必须要在法定职责范围内开展审计活动，必须依照法定权限实施具体的审计行为，必须遵守法定审计程序。审计机关和审计人员对违反法律规定的职责、权限和程序的行为，应当承担相应的法律责任。法纪监督由党委、国家司法审判机关、行政机关等行使，依据法律、党内法规及财经制度的规定，对党政机关、职能部门及企事业单位等工作效能僵化、办事缓慢、行政不作为和慢作为、渎职、侵权、职务犯罪、违法、违纪等行为发挥法纪监督作用。① 此外，审计机关和法纪监督机构的监督行为还要接受社会各界监督，确保监督行为合法。

（2）都享有监督权。根据《审计法》，国家审计机关独立行使审计监督权。审计监督权属于行政监督权的范畴，由宪法专门赋予审计机关针对公共财政资金运行过程中的真实合法效益性实施监督，是基于行政系统内部某些专门的检查机构的职权而产生的（柯汉民等，2007）。为保证审计监督的客观性、公正性、权威性和有效性，审计机关在组织、人员、经费和工作上具有独立性。例如，组织独立性，指审计机构单独设置，与被审计单位没有组织上的隶属关系；人员独立性，指审计人员与被审计单位应当不存在经济利害关系，不参与被审计单位的经营管理活动；经费独立性，指审计机关履行职责所必需的经费单独列入财政预算，以保证有足够的经费独立开展工作。法纪监督也由特定的机关、部门行使。法纪监督机构一般也是单独设置，配备专门人员，经费由财政拨款，单独或联合行使法纪监督权。例如，依据《中国共产党章程》，对于党员违纪行为，经支部大会讨论并报党的基层委员会批准，可以依据情节处以警告、严重警告、撤销党内职务、留党察看、开除党籍等处分。人民法院和人民检察院是我国司法机关，属于司法监督主体，依照国家的宪法和法律的规定，对司法机关、行政机关及其工作人员的司法活动的合法性进行监督。

（3）都具有一定的程序、技术和方法。无论是审计监督还是法纪监督，都要依据事实，凭借确凿的证据作出结论。而证据的获取，无疑是要依赖一定的程序、技术和方法。对审计监督而言，经过长期的提炼、积累和发展，已经形成了一整套科学有效的技术和方法，为审计证据的获取提供了有力的保障。例如，审计程序通常包括计划阶段、实施阶段和报告阶段；审计方法既有传统的检查法、审阅法、复核法、函证法、经济活动分析法等，又有利用计算机技术、大数据技术、云计算及统计抽样等形成的现代审计方法。与审计监督侧重于经济管理活动的监督不同，法纪监督更加侧重于对于人的行为监督，对证据的要求更加严谨，一般是人证、物证等都要具备，并且能够证明其中的因果关系。因此，法纪监督应当更为重视证据的搜集、整理、分析，以得出正确的结论。法纪监督获取的证据，还应当接受司法、审判机关等机构的检验、质询与推敲。在长期的法纪监督实践中，人们也已经总结出一系列科学、有效、合理、合法的程序、方法和技术，用于获取证据。例如，询问、勘察、实验、调查、跟踪、监听或监视、计算、推理等。随着科学技术的发展，视频监控、网络聊天、通话记录等现代监测与通讯手段被大量利用

---

① 严格意义上讲，法纪监督范围涉及政治、经济和社会等诸多方面，本文仅讨论经济活动领域的法纪监督。

到证据的获取之中。

（三）审计监督与法纪监督的差异性

审计监督与法纪监督双方在监督主体、客体、处罚权限等方面存在明显差异。监督主体是执行监督的机构；监督客体是监督的对象；监督处罚权限是对被监督对象的不当行为进行的处理。审计监督与法纪监督主要有以下几点区别。

（1）监督主体不同。《审计法》明确规定，审计监督职权只能由法定审计机关审计署和地方审计机关行使，审计监督的主体具有唯一性、法定性以及特殊性。法纪监督由于内涵涉及法律、党的纪律以及财经制度等多个方面，因而监督主体具有多样性、针对性、复杂性以及协调性。从职能和职责来看，法纪监督的主体通常包括党委、人大、政协、纪委、监察、巡视、法院、检察院等机构；从管辖机构来看，纪检监督还包括财政、税务、审计、国资委等部门。此外，有关机构、单位和部门还专门设置法纪监督机构，负责内部法纪监督。法纪监督涉及多机构、多部门，是多主体、多层次的监督。做好法纪监督，需要多个不同机构和部门的协调配合。近年来，审计监督在查处经济大案要案方面作用显著，主要是向法纪监督机构提供重要线索或者根据群众举报查实账面证据材料。在反腐败斗争中，审计监督需要与法纪监督在办案力量、办案手段以及处理处罚等方面实现优势互补（张瑞，2011）。

（2）监督客体不同。审计监督客体即被审计单位，是经济责任承担者和管理者，包括国务院各部门、地方各级政府及其所属部门、财政金融机构、企业事业组织等。审计监督的对象是财政收支和财务收支。财政收支，是指依照《预算法》等规定，纳入预算管理的收入和支出，以及行政事业性收费、国有资源、国有资产收入、应当上缴的国有资本经营收益、政府举借债务筹措的资金。财务收支包括中央银行、国有金融机构、事业单位、社会保障基金、社会捐赠资金、外国政府援助及贷款项目等。同时，审计机关还对国有企业、国有控股企业及政府投资享有审计监督权。在对审计对象的经济管理活动进行监督外，审计机关还肩负着开展经济责任审计的重任，即通过对党政机关、企事业单位等被审计单位的经济管理活动进行审计，落实和追究党政领导干部和国有企事业单位负责人的经济责任。法纪监督客体具有广泛性、分散性，法纪监督范围要比审计监督范围宽泛得多。一般而言，所有的组织和公民都要接受监督，但重点是对国家机关和公职人员各种公务活动进行监督。法纪监督不仅针对国家机关、国有企事业单位以及所有使用公共资源、公共资金的单位，还针对集体、个体或外资组织及自然人所发生的违法违纪行为。此外，法纪监督客体接受法纪监督的对象不仅是经济管理活动，还包括政治、社会等活动，所要监督的不限于经济领域的经济利益，还有契约关系、职责履行和个体行为。

（3）监督处罚权限不同。在审计中，审计机关的权限有：要求提供资料权、检查权、调查取证权、制止权、处理处罚权；通报或者公布审计结果权、建议权、提请协助权。根据《审计法》，审计机关在认为被审计单位财政财务收支行为违反法律规定时，可建议有关主管部门予以纠正；如果有关主管部门不予纠正，审计机关可提请有权处理的机关依法处理。可见，审计机关的处理处罚权只是一种间接权利，威慑力不高。对于审计中发现的被审计单位的违法违纪行为，如果情节较重涉及犯罪，或者发现重要的犯罪线索，审计机关通常是将其移交给有权进行处理的法纪监督机构。审计监督还受到民主政治发展进程的影响，宪政建设步伐决定了审计监督发展方向进程（杨肃昌，2008）。法纪监督权限具体包括监督检查党员领导干部廉洁从政情况、治安行政管理与处罚权、侦查权、检察权、审查权、提起公诉权、审判权等。法纪监督权限由不同机构或组织享有，可以对违法违纪当事人进行处罚，它是一种直接权利。例如，党的纪律检查机关协助同级党委（党组）抓好《中国共产党党员领导干部廉洁从政若干准则》的落实，并负责对实施情况进行监督检查；公安机关在执法过程中，可实施行政强制措施；人民检察院依法对于监外执行罪犯的判决、裁定是否合法依法实行监督。可见，法纪监督机构各负其责，各司其职，相互协调配合，共同做好违法违纪和犯罪行为的查处。

二、审计监督促进法纪监督功效的价值、驱动与路径

审计监督促进法纪监督功效，就是将经济活动领域的违法违纪和犯罪行为的发现、揭露和整改作为审计监督的重心，将法纪监督关口前移，注重检查发现违法违纪和犯罪行为，及时移交相关案件线索，并配合法纪监督部门进行严肃查处，以构建"不敢腐""不能腐""不想腐"的长效体制机制。虽然审计监督与法纪监督在监督范围、职责、权利、义务等方面具有明确的界限，但维护市场经济秩序的良好运行是双方共同的出发点和目的。审计监督的本质是经济活动监督，而法纪监督部门的法纪监督过程因为离不开对经济活动的检查与评判，仍然需要审计机关的密切配合和大力支持。

（一）审计监督促进法纪监督功效的价值取向分析

审计监督促进法纪监督功效，是深入贯彻党的十九大报告精神的要求和体现，也是强化审计监督功能、更好地发挥审计对经济健康运行的保驾护航作用的生动体现。审计监督促进法纪监督功效，就是要求审计人具有千里眼、顺风耳，敢于揭露和发现各种违法乱纪行为，既要着眼于"大案要案"，又要防微杜渐，从细小处着手，实现审计监督全覆盖。为此，党的十九大报告明确提出"改革审计管理体制"，通过审计体制改革，焕发审计生机和活力。审计监督要以"四个全面"战略布局为指导，对违法违纪的监督要突出"反腐败始终要坚持无禁区、全覆盖、零容忍"的要求，既坚定不移"打虎""猎狐"，重视抓有影响的、较大的腐败案件的查处；又要"拍蝇"，注重查处微小的腐败案件，形成并巩固发展反腐败斗争压倒性态势。

审计监督促进法纪监督功效，是构建全新的党和国家监督体系、优化顶层设计的需要。在构建新监督体系的理念指导下，积极探索审计监督促进法纪监督功效的新机制、新路径，是完善和发展监督制度的重要举措。首先，要转变审计监督的指导思想。从过

去偏重于重点领域、关键项目和要害部门的"重点监督"向常态化的所有领域、项目、单位和部门的"全方位"监控转变。从公共资源、公共资金违规使用以及领导干部"带病提拔"等"屡申屡犯"现象向改革体制机制、杜绝后患转变。其次，要不断探索和创新审计工作方式，科学组织、有效投入，不断提高审计监督效果。例如，围绕工作专门化、部门化、指挥链、控制跨度、集权与分权以及正规化等组织要素进行重构，并统筹规划好计划、实施和终结等阶段的目标和任务。优化、整合审计资源，打破以职能部门为单元的审计工作方式，通过"审计项目制"、不同类型审计交叉融合以实现联合审计等方式，优化审计资源配置。引入、协调外部审计资源，发挥国家审计、内部审计与社会审计的协同效应，构建三种审计相互配合、分工协作的"三位一体"审计监督模式。最后，要积极探索与法纪监督机构、部门的协调与配合，避免工作重合，实现齐头并进。审计监督与法纪监督各有所长，双方要取长补短，实现不同监督形式的优势互补。

（二）审计监督促进法纪监督功效的内在驱动分析

审计监督具有促进法纪监督功效的内在驱动力，这是由审计监督的性质决定的，同时也得益于审计置身于经济发展的大潮之中，时刻关注和审视经济发展状况，又是新时代审计监督全覆盖的必然要求。同时，审计监督高度关注重大违法违纪问题，紧盯财政资金分配、重大投资决策和项目审批、重大物资采购和招投标、土地和矿产资源交易等重点领域和关键环节，严肃揭露和查处了一批以权谋私、失职渎职、贪污受贿等问题线索，有力推动了党风廉政建设和反腐败斗争。

审计监督对象具有特殊性。前文分析表明，审计监督对象为国家机关、国有企事业单位的经济管理活动，既涉及公共资金、公共资源的分配、管理和使用，又涉及党政领导干部和国企领导人的廉洁从政情况。改革开放以来，我国实施从计划经济体制到市场经济体制的巨大变革，一些掌握公共资金和资源的部门和人员利用法律法规的不健全以及制度漏洞，徇私枉法、贪污受贿、渎职失职及不作为，成为违法乱纪的重灾区。审计监督凭借监督对象的天然优势，揭露和发现了多起违法犯罪的线索，为法纪监督机构查处相关责任人作出了重要贡献。以2020年为例，1~11月全国共审计单位6万多个，促进增收节支和挽回损失2200多亿元；全国共审计1.8万名领导干部，查出负有直接责任问题700多亿元；向各级纪检监察、司法机关和主管部门移送问题线索及典型问题5900余件，督促追责问责1.23万人；深入揭示重大违纪违法、扰乱经济秩序，以及发生在群众身边的"微腐败""小官巨贪"等问题，共向司法、纪检监察机关等移送问题线索近4000件，涉及4000多人。[①]

审计监督技术与方法具有科学性。审计监督能够发挥作用，其中一个重要原因在于审计监督拥有一整套行之有效的技术和方法。审计监督方法包括传统方法和现代方法，

---

① 《全国审计工作会议在京召开》，中国政府网，http://www.gov.cn/xinwen/2021-01/08/content_5578217.htm，2021年1月。

随着经济社会的发展，审计监督方法还在不断演进与发展。例如，观察法，通过亲身观察，可以发现实际情况；问询法，就同一个问题向不同的人进行询问，核对答复结果，推测客观事实。经济分析法，通过对有关财务数据比率进行计算和比较，发现其中异常的情况，为审计提供方向和指导。计算机技术和联网审计也为审计监督方法助力。例如，可以对不同数据库的信息进行比对，发现蛛丝马迹。富有经验的审计人员能够运用恰当的审计技术和方法，发现和揭露各种违法乱纪和犯罪行为。

审计监督全覆盖为审计监督违法违纪行为提供了有力保障。《决定》提出对公共资金、国有资产、国有资源和领导干部履行经济责任情况实现"四个审计全覆盖"。2013年，审计署时任审计长刘家义在全国审计工作会议上提出，审计监督全覆盖要实现有深度、有重点、有步骤和有成效的全覆盖。[①] 审计监督全覆盖要求审计监督要到位，不留任何盲区和死角，充分发挥审计监督的威慑力量。审计监督全覆盖，就是把涉及公共资金分配、支出、使用、管理和公共权力运行的所有决策、所有资金及所有项目都纳入审计监督的范围。这就为审计监督全方位、全面揭露、发现和制止违法违纪等腐败现象与违法犯罪行为提供了可能。

（三）审计监督促进法纪监督功效发挥的路径分析

审计监督促进法纪监督功效具有必要性。党的十九大报告和之前的《决定》《意见》从战略高度提升审计监督在国家治理中的核心功能和遏制腐败行为发生的作用。在反腐败过程中，审计监督应当首当其冲，注重防范风险，减少经济损失，保护党的干部。

审计监督促进法纪监督功效发挥路径之一在于有助于防范和化解违法违纪和犯罪风险。事物发展变化经历量变到质变的过程，"千里之堤，溃于蚁穴"（《韩非子·喻老》）。小的违法违规未能得到发现和制止，势必发展成为犯罪。因而，对于审计中发现的违规问题，应当及早揭示和警示，避免小的违规违纪问题演变成为大的问题。众多审计案例表明，很多查处的大案要案，都是从小的违规开始。审计监督要依法监督、从严监管、全面监管，做到监管常态化、动态化和有序化，力争将腐败风险降到最低水平。

审计监督促进法纪监督功效发挥路径之二在于有助于减少经济损失。审计监督作为现代国家治理的必然产物和国家监督体系的重要组成部分，通过检查被审计单位的财政财务收支真实性、合法性和效益性，发现、揭示其中存在的主要问题，并提出完善体制机制的建议和意见，避免再次发生经济损失（徐荣华和程璐，2019）。《中央部门单位2019 年度预算执行等情况审计结果》表明，中央预算执行审计 2019 年主要审计了中央部门，并延伸审计了 290 家所属单位。总体上，各部门预算执行得到强化，预算绩效和预算管理情况较好，财政拨款预算执行率为 87.2%。通过审计，促进了 1538 项财税改革制度的制定完善，保障疫情防控物资使用规范、高效，加快拨付防疫资金 76.51 亿元、物资

9994 万余件，完善相关制度 1584 项。[①]

　　审计监督促进法纪监督功效发挥路径之三在于有助于保护国家干部。干部是党和国家事业的中坚力量，在经济管理活动中肩负重任。然而，面对众多诱惑和有利的职务违法犯罪的便利条件，一些干部往往铤而走险，滑向犯罪深渊，给党和国家事业造成重大损失。审计监督能及时发现一些干部违法犯罪苗头，及早进行揭示、制止和处理，避免事态恶化、性质发生转变，从而将违法犯罪行为消除在萌芽状态，使干部能够悬崖勒马、回头是岸（徐宇宁，2015）。以经济责任审计为例，2008～2014 年，全国审计机关共审计领导干部 20 多万人次，查出领导干部负有直接责任的问题金额 1000 多亿元，被审计领导干部及其他人员有 2580 多人被移送纪检监察和司法机关处理；各级党委和组织人事等部门根据审计结果，对 890 多名领导干部给予免职、降职等组织处理以及撤职等其他处分；根据审计建议，有关方面健全完善制度 2 万多项。[②]

三、审计监督促进法纪监督功效的保障机制分析

（一）审计监督促进法纪监督功效的制度保障

　　当前，审计监督还存在不少问题。这其中，由于审计监督对象多为各级党政领导及政府主管部门，必然出现审计监督权的弱化。例如，财政审计"同级审"围绕预算执行进行审计监督，以揭示预算编制、预算执行和决算草案编制等方面存在的问题、提出建议以及促进完善预算管理。而实际上，由于审计机关是本级政府内设机构，很难对其进行有效监督。"同级审"出现的困境集中体现在审计监督权弱化。为充分发挥审计监督作用，《决定》提出完善审计制度、强化上级审计机关对下级审计机关的领导、探索省以下地方审计机关人财物统一管理以及推进审计职业化建设等措施，在制度上为加强审计监督提供了重要保障。为此，需要适时修改审计法，强化审计独立性，加强审计监督权限。部分省份已为保障审计监督出台地方性法规。例如，2015 年 6 月起浙江省施行的《浙江省审计条例》针对审计力量不足的现状，规定：审计机关可以委托其所属的审计机构（直属的投资审计中心、计算机审计中心、科研所等事业单位）具体实施审计监督；审计可以通过购买服务的方式，组织或者委托符合法定条件的社会审计机构等专业机构参加或承担审计工作，也可以聘请具有与审计事项相关专业知识的人员参与审计工作。为协调审计监督与法纪监督之间的关系，《意见》规定，要建立健全审计与纪检监察、公安、检察以及其他有关主管单位的工作协调机制，对审计移送的违法违纪问题线索，有关部门要认真查处，及时向审计机关反馈查处结果。因而，建立健全科学、有效的工作协调

---

　　① 《2019 年度审计工作报告显示，中央预算执行和其他财政收支情况总体较好》，中国政府网，http：//www. gov. cn/xinwen/2020 - 06/19/content_5520368. htm，2020 年 6 月。

　　② 《张通：经济责任审计 把权力晒在阳光下》，中国共产党新闻网，http：//theory. people. com. cn/n/2014/0729/c40531 - 25359739. html，2014 年 7 月。

机制，已是当务之急。这也要求完善相关制度，出台相关法规，明确审计监督与法纪监督之间的关系。审计监督难以奏效，对审计发现问题的整改力度不够，很多问题都是"屡审屡犯"。因而，对于体制机制问题，单方面的审计监督无能为力，需要深化监督体制改革，优化资源配置方式和途径，从制度层面减少问题的发生。

（二）审计监督促进法纪监督功效的政策保障

政策保障是指党和政府为实现审计监督在法纪监督中发挥积极作用的目标而采取的指导性原则与准则。与法律、制度具有普适性、规范性和稳定性不同，政策具有普遍性、指导性和灵活性的特点。为保障审计监督有效性，促进审计监督更好地在法纪监督中发挥作用，需要精明强干的审计队伍推进审计职业化的发展以及良好的审计环境。这就要求出台相应的人事、职业发展以及环境优化的政策，具体包括以下几方面。

（1）稳定审计队伍的政策。为提高审计人员的积极性，激发其以饱满热情和充足干劲投身于审计工作中，需要建立必要的激励机制。激励政策包括薪酬待遇、职务晋升、职称评定以及岗位聘任等。要对审计人员进行绩效评价，将评价结果与薪酬直接挂钩。对于从事外勤审计工作的，应当发放必要的津贴和补贴。加班加点工资也要按时足额发放。同时，要根据审计工作外勤任务繁重、经常加班加点的特点，从高给予带薪休假。职称评定方面，要创造条件帮助审计人员解决职称评定问题，同时，要引入教授级审计师的正高级职称，拓展审计人员职称上升通道和空间。岗聘方面，按照用工制度，审计机关存在行政编制、事业编制、合同工以及临时工等多种不同编制人员。实际工作中存在同工不同酬等不正常现象，即不同编制人员在薪酬待遇、职务晋升甚至职称评定等方面存在明显的差异，这在一定程度上挫伤了审计人员的工作积极性。因此，要积极推动用工制度改革，按岗位聘任审计人员，并按岗位设置以及绩效考核结果给予相应待遇。

（2）促进审计职业化政策。建立一种职业是为了服务于社会。一个职业要在社会上得到认可并立足，需要通过广泛培训以获取一定技能并为社会提供重要服务；具有准入门槛、获得职业资格证书并经过注册，实行行业自我管理；具有较高的职业道德和为其服务对象所接受的价值观。目前，《决定》已经明确作出推进审计职业化建设的决定。然而，审计职业建设任重道远。推进审计职业化，需要提升审计职业自豪感，塑造良好的职业形象。实行审计职业注册制度，建立必要的准入门槛，通过考试进行公开选拔，择优录取。推行职业统一着装，增强职业认同度和接受度。加强职业道德教育，树立正确的审计理念、审计价值观和审计指导思想。加强职业培训，提高审计技能，增强专业胜任能力。加强职业监管，实行奖惩制度。设立相应的末位淘汰退出机制、建立健全审计职业岗位责任追究机制。

（3）优化审计环境政策。审计环境，是指能够影响审计产生、存在和发展的一切外部因素的总和。审计工作的开展，离不开良好的审计环境的支持。通过出台系列政策，加强审计工作与环境的融合，改进和调整审计工作方式方法，减少审计与环境碰撞和摩擦，使得审计工作与环境达到和谐状态，是国家审计面临和要解决的重要课题。审计环境可以分为政治环境、法律环境、经济环境、社会环境以及审计组织环境。审计环境依赖于审计职业道德观，审计人员只有勤恳工作、爱岗敬业，拥有较高的职业能力和专业水准，才能赢得包括法纪监督机构等社会各界对其的认可。审计环境还有赖于社会各界对于审计工作的认识、看法与期望。例如，在客观上说，要求审计发现、揭露和查处所有违法违纪行为是不现实的。同时，一定历史时期，与经济发展相适应，审计的供给与需求要保持平衡。供过于求、供不应求都是不可取的。一个善于理解和高度认同审计工作的社会，就会产生有利于审计工作的环境。反之，审计环境就有碍于审计工作。审计机构要加大宣传力度，有重点、有步骤地向社会各界介绍审计理念、思想、目标、内容以及主要成效。还要经常开展与法纪监督部门的沟通与协作，通报工作进展，形成审计合力。审计机构可与法纪监督部门定期联合召开法纪监督结果发布会，向社会公开审计结果。

（三）审计监督促进法纪监督功效的条件保障

审计监督工作的有序、有效开展，需要具备一定的主观和客观条件。否则，审计监督促进法纪监督功效就无从谈起。审计机关需要掌握与审计工作相适应的人财物。这就要求审计机关在一定时空范围内对人、财、物、信息享有占用和配置的权利。根据《决定》和《意见》的要求，2015 年 12 月，中共中央办公厅、国务院办公厅印发《关于完善审计制度若干重大问题的框架意见》（以下简称《框架意见》）。《框架意见》为保障审计机关依法独立行使审计监督权的条件作出明确规定，提出探索省以下地方审计机关人财物管理改革。该项改革思路是由省级审计机关整合全省审计资源，统筹管理全省审计力量，实行省级审计机关垂直领导，减少审计干扰，提高审计效率和效果，对于增强审计独立性和权威性，发挥审计威慑力量，都有重要的意义。2015 年，中共中央办公厅、国务院办公厅挑选江苏、浙江、山东、广东、重庆、贵州、云南 7 省市开展省以下地方审计机关人财物管理改革试点。为弥补审计资源的不足，《框架意见》还提出要加强内部审计工作并发挥内部审计的作用。同时，要有效利用社会审计力量，根据审计项目的实际需要，可以向社会购买审计服务。

推行省级以下审计机关垂直管理制度，在全省范围内统筹、分配、调动和使用审计人员，有利于强化审计监督的同时，也会在审计机构与人员管理等方面带来诸多问题。例如，人员的编制、管理与考核，人员的岗聘与晋升，人员的培训与后续教育等。自审计机关设立以来，内设机构设置采取的是将从事相似活动的人组织在一起，形成财政、金融、企业、投资、外资、行政事业等审计部门的职能型结构。这种职能型组织结构能够较好地适应按照被审计单位的财政、财务隶属关系或者国有资产监督管理关系所确定的审计管辖范围。然而，对于新型的省级审计机关统筹全省审计资源的人财物管理模式，职能型组织必然会产生较强的冲突。审计垂直管理模式下，单个审计人员在编制上可以明确属于某个级别的审计机关，却不能再属于该审计机关某个具体的职能科室管理。《框架意见》及配套文件要求对审计人员实行分类管理，设置专业技术类和综合管理类职位。

因此，需要推行审计职业化建设，审计专业人员要"去行政化"，突出其主体地位。另外，要在省级区域范围内合理制定审计计划，按照审计项目，公开招聘项目负责人，并由负责人统一组建、安排、协调和管理审计团队。审计工作的开展，除了掌握必要的人财物之外，还要适时掌握信息。审计信息化建设是履行审计监督职责的重要条件。例如，运用"大数据"和"云计算"技术，推进、完善数据中心建设，促进数据中心覆盖的广度和深度，实现跨部门、跨行业的数据共享，形成与数据需求相适应的数据仓库与数据获取机制（宋永惠，2016）。

（四）审计监督促进法纪监督功效的策略保障

审计监督除了注重技术和方法以外，还要讲究必要的策略。

首先，要开门审计，发动多方力量参与。充分发挥群众和社会各界人士的力量，走群众路线，依靠和发动群众。在审计计划阶段，广泛征求公众意见，以问题为导向，将社会关注的热点和难点问题列为审计项目。在审计实施阶段，设立举报电话、邮箱，公开征集审计线索。在审计报告阶段，召开审计结果发布会，听取公众的意见和建议。

其次，要开展联合审计。一是邀请法纪监督机构全程参与审计过程。以往审计实践中，只是在发现违法违规线索时，审计机构才将其移交给法纪监督部门。法纪监督机构的参与度不够充分。法纪监督机构的深度参与有助于更好地发现违法违纪问题。同时，审计监督与法纪监督的配合和共同作战可以产生协同效应，更有威慑力。二是开展综合审计。例如，将经济责任审计与财政审计、投资审计等有机地结合起来，避免重复审计，提高审计效率与效果。

最后，实施联网审计。联网审计是指审计机关与被审计单位通过网络连接，测评被审计单位财政财务收支相关信息系统，进行数据采集与分析，对被审计单位财政财务收支数据的真实、合法、效益进行适时、远程检查监督的行为。通过联网审计，审计人员可以在任何时候、任何地点实时或定时地监督被审计单位的经济活动。《框架意见》提出，探索建立审计实时监督系统，实施联网审计。审计机关可以联合法纪监督机构，针对违法违纪的特征，开发识别财务舞弊软件，适时分析数据，通过动态、实时监控被审计单位的数据，可以及时发现问题和疑点，实现实时监督。

四、结论和建议

党的十九大从战略高度建构、谋划党和国家监督体系，在构建新监督体系背景下，审计监督面临着重要的历史机遇，特别是与法纪监督的融合是重要的发展趋势。在新时代，审计监督势必要以新理念、新形式和新方法重新介入法纪监督，以提高法纪监督质量和效果。

审计监督与法纪监督具有同一历史渊源，双方的现实交集在于共同监督经济管理活动中的违法违纪和犯罪行为。审计监督促进法纪监督功效具有重要的意义，是深入贯彻党中央和国务院相关文件精神的需要，也是实现审计监督全覆盖的必然要求，具有内在驱动和实现路径。内在驱动主要体现在审计监督对象的特殊性、审计技术和方法的科学性以及落实审计监督全覆盖的现实性。实现路径在于审计监督有利于防范风险、减少经济损失和保护党的干部。

审计监督促进法纪监督功效，需要具备制度保障、政策保障、条件保障以及策略保障。制度保障是通过制定相关法律法规，增强审计独立性，提升审计监督权。同时，要推进审计管理体制改革，科学组织，确保审计监督的有效性。政策保障是为了实现审计目标而采取的指导性原则与准则，包括稳定审计队伍的政策、促进审计职业化的政策和优化审计环境的政策。条件保障是确保审计机关掌握与其审计任务履行相一致的人财物和信息。此外，审计机关需要掌握相关策略，例如，实行开门审计、开展综合审计和联网审计等。

审计监督促进法纪监督功效，是新时代反腐败斗争所提出的新要求。为实现这一目标，需要构建有利于协同协作的审计监督与法纪监督的体制机制，主要有如下几方面建议。

（1）适应审计机关垂直管理，认真梳理相关法规和制度，为审计监督与法纪监督相融合提供保障。垂直管理赋予省（区、市）级审计机关统筹本行政区域范围内审计力量的权利。为充分履行依法审计的要求，实现审计监督与法纪监督的协同效应，针对原先市地级、县市级所出台的一些规定和制度存在相互冲突和不一致的情形，以及限制或者不利于审计监督机构与法纪监督部门的协同协作的实际状况，需要在全省（区、市）范围内，根据新时代审计监督与法纪监督协同协作工作的实际需要，在开展联合监督、大要案查处以及督促整改等方面统一制定相关规定和制度，以推动审计监督与法纪监督的协同层次、水平和效果。

（2）探索审计监督与法纪监督协同监督的体制机制，发挥两种监督方式的各自优势，构建反腐倡廉、防范和化解经济运行重大风险和维护经济社会秩序的有力屏障。审计监督与法纪监督要倡导协同协作监督机制，两种监督力量整合、优化资源，相互协调配合，协同作战，实现审查评价与处理处罚的衔接一致，从而提高监督效率与效果。审计机关与法纪监督机构要建立沟通联络机制，定期会晤、座谈，交流新时代违法违纪行为的特点，确定反腐败的阶段性目标和任务，并制订相关计划。审计监督与法纪监督要实施处理处罚整改落实的联合跟踪机制，发挥两种监督的威慑力，彻底扭转"整改难、难整改"的困境。

（3）创新审计监督与法纪监督的协同工作方式方法，实现实时监控。实施审计监督与法纪监督的组织方式变革，探索新时代适合的协同监督与联合监督模式，推动两种监督形式的深度融合，从事后监督向事前、事中以及实时监督转变。运用数字科学技术，通过广泛引入大数据和云计算技术，缜密分析违法违纪行为的特征，在监督关口前移、监督重点筛选以及监督策略使用等方面进行创新和突破，并在监督方式上做到实时、精准、有效。加强被监督单位的内部审计和内部控制，扎牢制度笼子，明确相关责任人员的责权利，优化决策和审批流程，为协同开展审计监督与法纪监督奠定坚实基础。

参考文献

［1］方宝璋. 中国审计史稿［M］. 福州：福建人民出版社，2006.

［2］柯汉民，强昌文，郝龙贵. 论法律监督的特征［J］. 西南政法大学学报，2007（6）：93－99.

［3］李金华. 中国审计史（第一卷）［M］. 北京：中国时代出版社，2004.

［4］乔克裕. 法学基本理论教程［M］. 北京：法律出版社，1997.

［5］审计署法制司，国务院法制办财会司. 新《审计法》解释与实务指导［M］. 北京：中国市场出版社，2006.

［6］宋永惠. 正确把握区分新标准 践行审计监督新理念［J］. 中国审计，2016（5）：22.

［7］徐荣华，程璐. 国家审计促进体制机制完善的路径研究［J］. 中国审计评论，2019（2）：32－40.

［8］徐宇宁. 把审计监督挺在法纪监督前面［J］. 中国审计，2015（13）：49.

［9］杨肃昌. 审计监督的政治学思考［J］. 审计与经济研究，2008（3）：5－9.

［10］张瑞. 简论审计与纪检监督的关系［J］. 公安海警学院学报，2011（3）：21－23.

［11］张智辉. 法律监督三辨析［J］. 中国法学，2003（5）：16－24.

蒋明祺政府审计思想评述

夏　寒[*]

摘　要　蒋明祺是近代政府审计专家，审计实务经验丰富，理论功底深厚，他的《政府审计原理》一书以及相关文章展现了其对政府审计之定义功能、审计组织之设计、人员之资格、审计职权等方面均有着独到的思想见解，这些思想不仅促进了近代政府审计理论和实务的发展，对于今人构建当代具有中国特色的国家审计理论体系也有着历史借鉴，其中诸如强调审计的积极功能，强调审计审定总决算的主要职权、加强职业道德等思想对今人仍有一定的启发意义。

关键词　中华民国　政府审计　蒋明祺　审计思想

Comment on Jiang Mingqi's Thought of Government Audit

Xia Han

School of Government audit, Nanjing Audit University

Abstract: Jiang Mingqi is an expert in modern government audit with rich experience in audit practice and profound theoretical foundation. His book "Principles of Government Audit" and related articles show his unique ideas on the definition and function of government audit, the design of audit organization, the qualification of personnel, audit authority and other aspects. His thought not only promote the theory and practice of modern government audit but also has a historical reference for today's construction of contemporary theoretical system of national audit with Chinese characteristics. Such ideas as emphasizing the positive function of audit, emphasizing the main authority of auditing the final accounts, and strengthening professional ethics still have some

---

[*] 作者简介：夏寒（1977—），女，江苏江阴人，南京审计大学政府审计学院副教授，历史学博士，主要研究方向为审计史。

enlightening significance.

Keywords：government audit；the Republic of China；Jiang Mingqi；audit thought

一、引　　言

蒋明祺（1906～1960）是民国时期著名的政府审计专家。其早年从事会计工作，1933 年通过国民政府考试院第二届高等文官考试，获优等成绩，后进入"审计部"工作，先后担任协审、稽查、审计、国民政府审计委员会委员、重庆审计处处长等职。中华人民共和国成立后，他继续担任重庆大学经济学教授，并在西南军政委员会财经委员会工作（陈元芳，2013）。

民国是近代政府审计制度建立和发展的重要时期，审计制度初步走上了法制化、规范化的道路。蒋明祺长期在政府审计部门工作，不仅有着丰富的政府审计工作经历和实务经验，同时对政府审计理论也有着深入的研究。20 世纪 30 年代中期，蒋明祺加入由潘序伦、徐永祚、杨汝梅等发起的中国会计学社，参与《立信会计丛书》的编著与编辑工作。30 年代末期，受聘担任重庆大学商学院经济学教授。蒋明祺除了在会计类期刊发表文章之外，还撰写了专著《合署办公与集中购置》《政府审计原理》《政府审计实务》三部，其中《政府审计原理》系统探讨了政府审计的理论问题，在当时的会计审计界有深远的影响。潘序伦曾评价说："蒋君精研会计之学，服务政府机关，主持审计职务，……加以抱献身事业之夙志，有从事述作之热忱；兹所论议，创造多于因循，理解堪供观摩，诚有裨于学术治理也。"（蒋明祺，1942）

当前，国家审计在我国的经济社会发展中具有举足轻重的作用，建立具有中国特色的国家审计理论是我国国家审计发展的重要支撑。审计理论研究者们要完成这一历史使命，有必要全面检视中国古代和近代学者们在推动国家审计理论发展上做出的努力。蒋明祺的政府审计思想在近代中国审计史上具有重要的地位和影响，然而，当前的审计学术界对其思想了解得并不多。本文梳理了蒋明祺的相关著作和文章，就其政府审计思想进行检视和评述，希望对构建当下国家审计理论体系有所启发和借鉴。

二、政府审计定义思想

蒋明祺（1942）认为："政府审计者，由政府专设机关，于各级政府岁出入实现收付与发生权责之原因事实与结果加以审核，并对其达成收付实现与权责发生诸程序及关系问题加以稽察；依政府法令与经济理则；除纠正谬误摘发诈弊，暨特为证明，使财务主管官吏之行为，有不经济不法与不忠于职务时得以确断，否则其责任亦可获予解除外，仍检查行政能效，提供适当意见之制度也。"蒋明祺关于政府审计的定义可概括如下：（1）审计主体即政府专设机关；（2）审计客体（对象）即财政财务收支的原因、事实、结果、程序。（3）审计依据即政府法令和经济理则（社会对经济的共识）。（4）审计作用即查错纠弊、肃清吏治、解除责任和提高行政能效。（5）审计职能即检查、鉴证、评价。

在蒋明祺之前，其他审计专家在各自论著中对政府审计定义也有涉及，例如，潘序伦（1953）指出："政府审计为会计上之司法监督，而依据国家法规预算及经济原则，求财政运用之正确切当，为其审查之目的。"雍家源（1933）指出："政府审计者，乃就各机关会计上之报告簿籍及凭证，由专设之审计机关予以审核或证明；并就其关系事项，随时随地，加以稽察。"徐以懋（1933）认为："官厅审计云者，乃审核全国各级政府及其附属机关对于财政上各项事务是否确当，其收支之情形是否遵照法定预算，依据各项财政章则，而适合经济原则者。"

上述前两个定义或将政府审计限定为会计报告账簿和凭证的检查，审计目标相对单一。徐以懋则将政府审计对象笼统地概括为财政事务和收支。相比较而言，蒋明祺政府审计定义十分全面，包含审计主体、客体、依据、作用和职能，专业而系统。审计对象没有局限在账簿上，而是指出政府的收支过程和结果都是审计内容，对于审计作用论述更是详细。在讨论政府审计定义的同时，蒋明祺进一步指出了政府审计和一般审计虽然在审计的原理和审计技术是共通的，但是在审计的主体、客体、依据、要求、目标、作用、资金和项目的规模、独立性、形成方式、强制力等多方面均有不同，可见其对政府审计认识的全面。

蒋明祺认为政府审计学是集合政府审计理论和技术的学问，研究的是审计理论问题和审计的技术方法问题，前者重在说明为什么要做审计、如何做得更好，后者要说明怎么做审计，这也是审计理论和审计实务的关系。蒋先生的《政府审计理论》《政府审计实务》二书正是基于此而著。这一观点对于目前我们政府审计学的教学和科研仍然有启发意义。

三、政府审计消极功能和积极功能思想

民国时期人们大都认为审计功能只是在财务收支实现以后，审核谬误，剔除浮费，是一种消极的监督，这是当时人们对审计的共识（赵友良，1996）。蒋明祺则将政府审计的功能分为消极功能和积极功能两类。在其著作中，蒋明祺不仅对政府审计的消极功能开展了详细的论述，同时分析了政府审计的积极功能并尤为强调。

蒋明祺认为，审计人员如果遇到会计手续和记录中存在原理、事实、记录、计算等非刻意的错误，应该随时纠正，保证政府会计手续和记录或实现收付与发生权责之原因、事实、结果、程序均无问题。如果有窃取现金财物、隐蔽事态真相之贪污舞弊与欺诈行为，则应该详加证实后将其揭露。上述就是政府审计之消极功能。

政府审计的积极功能可从以下三个方面体现。

（1）鉴证官员经济责任之履行。蒋明祺（1942）指出，官员有贤、不肖两类，开展政府审计可以揭露财务主管官员不经济、不法与不忠于职务的行为，使相关官员受到处罚或惩戒。如果未发现违法乱纪行为，则可证明相关官员已经尽心尽责，可以解除其相

关责任。这一点和注册会计师对企业财务状况与营业成绩加以鉴证相同，均属于审计的积极功能。审查官员不经济不忠于职务之行为，可以作为检举纠弹之依据，以期"弊绝风清，诚属于积极作用。尤以监察权旨在澄清吏治，即所以防止贪污，虽防止贪污意趋消极，而澄清吏治实收显效"。

（2）检查政府行政效能，促进国家良治。蒋明祺（1942）指出审计机关据决算法审查各机关或各基金的决算报告时，要注意：违法失职或不当情事有无；预算数之超过或剩余；施政计划营业计划或事业计划之已成未成之程度；经济与不经济的程度；施政效能、营业效能或事业效能之程度及与同类机关或基金之比较等。蒋明祺认为这些是政府审计的要务，目的是依各级政府财务收支之结果，按原定施政计划，检查其行政效能。"此为审计职权之积极性与建设性者"。蒋明祺进一步指出，政府审计在检查政府行政效能的基础上，还可以发挥维护国家利益，纠察财务秩序，证实政府资产负债和盈亏和提高政府公信力等积极作用，从而促成现代国家善良进步之政治也。

（3）提供适当建议而督促被审计单位改进。蒋明祺指出，审计机关在审核各机关收支计算、决算时，都会针对被审计单位发现的财务等问题，提出改进的意见。审计机关在审核各级政府编制的年度决算时，应注意岁入岁出是否和预算相符，是否平衡，是否与国民经济能力相适应，是否与国家施政方针相适应，如不符合、不适应，则要好好分析其中原因，提供针对上述问题的改进建议，这些都是审计积极功能的体现。

可以看出，蒋明祺对审计消极功能和积极功能的分类与今天我们常说的政府具有审计的批判性作用和建设性作用相一致。批判性指的是以质疑和批判的眼光来对被审计事项或人员查错纠弊，建设性指的是针对被审计或审计事项的问题、风险提出改进建议和防范对策，优化内部控制与管理，完善法律法规和规章制度，促进国家良治。而后者在蒋明祺看来，才是审计最主要的功能。"鉴证官员责任履行，检查行政效能，提供适当意见，皆为政府审计之积极功能与主要目的"（蒋明祺，1942）。蒋明祺对审计消极和积极功能的论述透过现象看到了审计的本质。他在审计积极功能中提及的鉴证官员经济责任之履行，正是当下我国国家审计机关开展经济责任审计的理论基础。他所提及的政府审计可以促进国家良治，也和当下人们对政府审计在国家治理中发挥重要作用的认识高度一致。

四、与政府审计组织相关的思想

（一）审计组织当隶属监察系统的思想

蒋明祺是监审合一制度的坚定支持者，他认为自民国十四年（1925 年）广州国民政府时期开始审计职权即已隶属监察系统，后虽成立过隶属于政府的"审计院"，但两年后"审计院"改称"审计部"，重新隶属于"监察院"，即恢复了旧制。十多年来"审计部"机构已经遍布全国，审计效能得到了充分发挥，自然在宪政时期，应该继续隶属于"监察院"，驾轻就熟，继续推进。

除了历史因素之外，蒋明祺还指出审计隶属于监察系统的根本原因是"监察院"的弹劾权和审计权可以相互配合发挥有效作用，因为在行政监察中会发现与财务有关的不忠不法事件，交给审计可以进一步查处。在审计时也能发现很多行政上的失职行为，交给监察可以依法弹劾，移付惩戒。如果审计职权隶属于"立法院"行使，"绝不会有如唇齿相依"的便利（蒋明祺，1947）。

针对宪政时期有人提及要把审计职权并入立法院以加强国家财务人民监督的想法，蒋明祺明确表示审计机构不宜设于"立法院"内，因"立法院的监督国家财务，重在制定实施大计及预算政策，已足充分表现其能力。而审计职权的行驶，须有熟练的技术，须设分支机构，须以平时的事前审核和事后审核、稽察、驻审及巡审等项工作的记录，汇总而为总决算之审定的依据，更须独立行使职权之绝对超然的地位"（蒋明祺，1947）。同时，他还对比了当时其他各国议会的通例，指出世界各国的议会均无附属的分支机关。在五权体制下，"监察院"相当于国会的上院，立法院相当于国会的下院。监察立法关系密切。审计归属监察系统，同样可以达到人民监督国家财务的初衷。

蒋明祺的主张和当时审计学界一些同仁看法较为一致。中国审计学会（1947）以学会名义发表的《评宪草的审计制度》提出应吸收传统中华审计中某些有益因素，"行宪"后审计机关仍然应隶属于"监察院"而非"立法院"。专家学者的思想对南京国民政府产生了一定程度的影响，促使其放弃取法英美派立法型审计的原有思路（肖高华，2020），故宪政时期公布的《中华民国宪法》规定，"审计部"仍隶属于"监察院"而不是"立法院"。

监审合一制度在中国历史上有较深的渊源，民国时期监审合一的实践以及蒋明祺对监察审计两者关系的认识，对于我们今天的审计制度和监察制度之间权力分工、业务配合方面仍然有着历史启发。

（二）区域制和系属制审计组织思想

蒋明祺认为民国时期政府审计机关的组织系统有两种，一是依照行政区划来设置，即按照省市地方行政区划来分别设置，二是根据行政系统来设置审计组织。1935年起，"审计部"依法先后在江苏、上海、浙江、湖北、湖南、河南、陕西、广东、贵州、四川、广西、福建、江西等地建立了审计处。蒋明祺将上述审计组织视为区域制组织。《审计部组织法》规定，在京各机关之审计稽察事务，由部内不兼厅长科长之审计、协审、稽察兼理。"审计部"根据需要依法向"经济部""交通部""赈济委员会"等机关派遣不兼行政职务的审计、协审、稽察驻在办理审计事务。蒋明祺将向各机关派驻在审计人员视为系属制。

在其著作中，蒋明祺详细论述了区域制的缺陷：（1）"审计部"只在省会城市设立审计处，但是审计对象和范围不仅包括本省即所属市县的各机关，还包括省内及邻近地区的中央机关。审计对象广泛，审计人员少，难求尽悉。（2）地方审计处开展就地审计时，一般只能达到其主管机关，大量的附属机关收支亦繁杂，均无法实际监督。（3）临时派遣人员办理就地审计业务，技术不能专精，对被审计单位情况不熟悉，不能利用各机关常备之资料，耗时费力，且多有延误。

基于上述问题，蒋明祺对其设想的系属制组织：（地方）首脑机关—各部门高级审计人员—各部门驻在审计人员的体系进行了阐述。

（1）中央以"审计部"、地方以审计处为首脑部，主要负责审计工作的设计、决策、管理和监督，向各级机关派驻审计人员。（2）派驻审计人员按照其来源别与政事别各门类派驻，且在派驻单位设置审计办事处所。各门类之审计人员由高级管辖低级，最高级审计人员向首脑部机关负责。（3）各机关审计人员接受该门类最高级审计人员及部处主管首长领导，开展审计和稽察工作。省市地方各门类最高级审计人员，一方面要接受该省审计处的领导，另一方面也接受中央同门类最高级审计人员指导。

蒋明祺认为系属制的优势主要在于：（1）可普遍实施就地审计；（2）可简化部处的行政组织；（3）审计人员术业有专攻；（4）被审计单位的资料得以常备；（5）审计遇有疑难问题，各类高级审计人员能当机立断，及时处理。

在笔者看来，南京国民政府时期审计组织主要存在两个问题。一是无论是"中央审计部"还是审计处、审计办事处，内部业务部门的划分均按照审计方式事前审计、事后审计和稽察来划分。这种分工模式针对性不强，导致审计人员术业难以有专攻。二是仅在省一级设置审计机构，加之人员又少，很难覆盖其应有的审计对象。所以民国时期的政府审计组织的根本问题不在区域制本身。蒋明祺强调系属制是为了强调根据审计对象的性质来分工更为合理。但是其所希望建立的系属制，需要在各门类单位中均设立驻在审计人员，如何分类是个问题，管理不便也是个问题，因此设立系属制审计组织可操作性不强，同时审计人员长期驻在被审计单位本身也不利于审计的独立性。

当前我国中央设审计署，审计署在中央各部门设驻在的审计局，地方设立 18 个派出机构，地方省市县均设立相应的审计机关。审计机关内部均按照具体审计对象的业务性质如财政、金融、国企等来进行设立下属部门，从某种程度上来讲，是将区域制和系属制较好地结合在一起，既方便管理，同时术业也有专攻。

五、与政府审计人员相关的思想

（一）政府审计长官不宜选举产生的思想

蒋明祺（1947）在《宪政时期之审计制度》一文中指出，"审计部"的长官不宜选举产生，因为如果要选举产生，必定要有党派的拥护才能获胜。但是如果有党派的拥护，之后在行使职权时就难以保持中立。如遇政局变迁，也难免受到各种牵连。故蒋明祺提议"审计部"的正副部长由总统提请"监察院"同意任命。蒋明祺的这一主张和当时很多审计专家们基本一致。在 1923 年起草《中华民国宪法》期间，参议院议员楚纬、黄锡铨、林炳华等主张审计组织由参议院选举产生，杨汝梅等则认为此举会使审计组织受制于立法机关，影响审计执行力，从而主张采取元首任命制或议会选举制与元首任命制相结合的折衷方式（杨汝梅，1924）。

笔者认为，政府审计组织本身以稽察财政财务收支为基本职责，审计部门长官的产生不掺杂金钱运动或党派政治，方能保持独立。在当时历史条件下如果采取议会选举制度，明显弊端是审计组织会受到党派的影响，"由选举产生，非有党派之拥护，不能当选，而当选后，对其所属党派之措施，难免偏袒"（中国审计学会，1947），党派政治的跌宕起伏也势必会影响审计组织的稳定性，如此审计独立地位必然受损。另一弊端则是议会选举制度无法摆脱贿选行为，贿选背后的利益关系同样必然有损超然审计，降低审计监督的执行力。即便是今天，审计机关的领导人也不适合通过党派的选举来产生。

（二）政府审计人员资格的思想

对于基层的审计人员的任用，蒋明祺（1942）推崇通过考试制度来选拔，他指出："事实上甄用考试及格人员，尚多能表现其优异之能力与擅长之学验。审计机关尤宜采行，以为各机关之示范。"

蒋明祺指出审计机关虽是政府机关，然其更接近技术机关，审计人员也不是单纯的行政人员，更属于技术人员。因此审计人员之资格应有更高要求。蒋明祺把审计人员需要的资格分为了消极资格、应有资格、积极资格三类。其认为法律规定相关要求是政府审计人员的消极资格，涵盖审计组织法中提及的学历、专业、工作资历等要求。审计人员有事实上应具备的资格，具体分为：（1）学识，即审计以及与审计相关的会计、经济、法律等方面的学识，也包括基本普通的常识、关系学识。（2）才能，即分析复杂现象提出改善建议的能力、说明事物和与人沟通的能力。（3）经验，即知道如何运用审计法律法规，以及针对不同审计对象知道如何运用审计方式和技术方法的经验。除了上述的消极和应有资格之外，蒋明祺还提出了审计人员应该具备积极资格，即奉公守法之精神、志节行廉之抱负、强健之体魄、睿敏之机智。

蒋明祺所提及的三种资格中，学历专业等消极资格当属入职的基本条件；学识、才能和经验等应有资格当属审计工作需要的职业素养，当为胜任政府审计工作所必备。积极资格类似职业道德，是一名卓越的审计人员所必备的优秀道德品质。三者之间存在层递关系，三者合一也是判断政府审计人员是否胜任、是否优秀的标准。这一资格分类思想对于我们今天的审计人员职业道德准则的制定有一定的借鉴意义。

（三）加强政府审计人员后续培训的思想

蒋明祺指出审计人员的胜任能力和职业道德并非生而具有，所以除国家考试机关按期举行资格考试外，审计机关并应自行举办任用考试及经常的训练，使新进者之学识和旧有者之经验可讨论观摩而互相交流。

"审计部"及审计处虽曾设有高级初级审计人员补习班，但是并不常设，效果并不理想。因此，蒋明祺建议"审计部"常设一训练委员会，并在各省审计处分别设置训练委员会分会，而听其指挥。训练委员会直接对部长负责，并接受审计会议之设计与建议。训练分会应直接对审计处负责，仍接受审核会议之设计与建议。审计机关可自任推派训练的教官，亦可从其他机关聘请。受训之人可以是考试合格新入职人员，也可以是分期抽调已工作的审计人员，训练时间至少在三个月。训练科目除了参照全国各训练机关训练纲领外，并应涵盖审计法令、审计制度、审计成例、审计学、会计学、簿记术、财政学等项目。训练中要详细记录，严密考核。同时要特别注意资质性的训导，多用讨论的方式让学员交换学识和经验，为其提供解决问题与互相批判之机会。培训中考核优秀人员除了给予表彰之外，还可以提高待遇调升等级。考核成绩低劣者，则可给予减薪降级甚至记过免职处分。此外，蒋明祺还提及审计部也可以委托高等教育机构开设政府审计班或政府审计之讲座，按期训练审计人员。

蒋明祺如此重视审计人员的培训工作，是因为"近年来公司会计事务所之发展，各机关团体，对于服务于审计机关之人员，莫不设法延引，提高待遇，至其改就离职者为数甚多，尤以审计干部未能补充，每影响审计机关之效能，是则训练机构与其办法的厘定，视为审计机关之急务"（蒋明祺，1942）。经常开展培训，一来能及时补充审计干部，二来对于从审计部门流转到其他机关团体的人员来说，由于其接受过系统的培训，也可称为"整饬财计澄清吏治之良助"，如此既有利于审计机关，也有利于审计制度。

身为资深的政府审计人员，蒋明祺深知开展培训对审计人员的重要性，以及对审计机关和审计制度的重要性。因此，在其著作中，他详细论述了如何开展政府审计培训，包括培训的机构、培训的方式、培训的时间、培训的内容、培训的过程、培训的考核等，论述十分全面。他的这些设想在今天的政府审计机关尤其是中央层级的审计署基本都已实现，可见其观点符合历史潮流。

（四）政府审计人员回避的思想

民国时期，多部《审计法》均规定审计人员与被审计案件有利害关系时，对该案件应行回避，不得行使职权。这里的利害关系主要指审计人员与被审计单位的长官或主管会计出纳人员或为配偶，或有七亲等内之血亲，或有五亲等内姻亲关系。蒋明祺认为审计的回避制度不属于一般的公务机构和公务人员的回避制度，而是与司法机关的回避制度同等重要，目的是维护审计制度之尊严，防止审计人员之徇私，让"政府审计人员能够独立行使职权，更可能获社会普遍之信任"（蒋明祺，1942）。审计人员处理审计案件主要以其主观判断为主要依据，更需要严格制定回避办法，否则不足以防止弊端，杜绝私情。鉴于避讳制度对审计的重要性，蒋明祺建议应该参考民事刑事诉讼法的规定来对审计回避制度作出明确的规定，将回避在不同情形下分为自行回避、申请回避和裁定回避。同时也可奖励自行遵守回避者，惩罚应行而未行回避者。

笔者认为，审计回避制度不仅有利于加强审计的客观公正独立，同时也可避免政府审计人员陷入两难的境界，对审计人员也有一定的保护作用。目前我国的《审计法》和国家审计准则中均提及了审计回避制度，对于应回避的情形也阐述得比较清楚。不过对于回避的程序以及应行未行回避等情况则未有详细的规定，似仍可借鉴蒋明祺的思想，进一步完善与回避相关的规章制度。

（五）审计人员保障的思想

审计人员由于工作的特殊性，对其进行法律保障尤为重要。南京国民政府的多部《审计部组织法》均规定：审计协审稽察，非受刑法之宣告或惩戒处分者，不得免职或停职（谢东慧等，2019）。蒋明祺指出，之所以需要对审计人员加以保障，是因为审计人员由于执行审计事务，"每易引起各该机关各人员之不快或不满，此为人之常情，抑亦事实使然。倘无法律之保障，被审计机关必可运用政治上之势力，从事变动审计人员的地位以削减其力量，而胁迫其意志。在审计人员亦必畏葸退缩，而减少其活动，降落其效能，俱大有影响审计职权之行使和审计制度的发展，是故非以法律明定其保障条文不可"（蒋明祺，1942）。

1945 年的《审计部组织法》还明确规定了审计人员转职的条件：（1）在年度开始，因职务重新分配，有转职之必要。（2）审计机关有添设或裁并者。（3）因法定原因有缺额者。（4）因法定回避原因，有转职之必要者。对于《审计部组织法》新增之转职条文，蒋明祺（1942）认为是"切要之保障"，可"避免审计人员循例与主管长官同进退之积习，并防止主管机关长官因时因地位置亲私，在考核政绩的平允上，能有较合理的调度。抑使其行政效能不至于因随意之调度而有所减退也"。对于审计人员而言，"有此保障，既不能任意令其调转，则必能安定其心情，激励其奋进"。

笔者认为，限定审计人员停职免职的条件，主要是为了防止审计人员受到外来政治因素的干扰，从而保证审计机构的独立性。限定审计人员转职的条件，更多是抑制了审计部门长官随意之调度，之所以如此规定，与南京国民政府时期审计机关的长官和职员之间的裙带关系明显有关（夏寒，2016）。例如，于右任和茹欲立、李元鼎三任部长均为陕西人，他们在任期间，"审计部"陕西籍的职员占比最大，等到广东籍林云陔担任审计部长时，陕西籍的职员明显减少，广东籍职员明显增加。由此可见，民国"审计部"内部审计人员主管长官同进退的现象确实存在。因此，蒋明祺十分强调对转职作出明确要求，正是想要抑制这一现象。

审计工作性质某种程度上类似公检法，查错纠弊是其主要职责之一，容易受到报复打击，故法律上保障实为必须。我国《审计法》第十五条规定，审计人员依法执行职务，受法律保护。任何组织和个人不得拒绝、阻碍审计人员依法执行职务，不得打击报复审计人员。审计机关负责人依照法定程序任免。审计机关负责人没有违法失职或者其他不符合任职条件的情况的，不得随意撤换。上述法律条款规定也正是基于审计工作性质而定的。至于审计人员的转职似没有必要进行约束，一是因为目前审计人员入职需通过公务员考试，不存在裙带关系的问题；二是我国《国家审计准则》第十九条规定，审计机关应当建立审计人员交流等制度，避免审计人员因执行审计业务长期与同一被审计单位接触可能对审计独立性造成的损害。因此，可以看出，对于审计人员转职条件的限制是针对南京国民政府时期特殊的政治环境和官场文化而设定的，有其历史意义。但是从审计机关本身来讲，则不是必需的。

六、政府审计职权的思想

（一）审计职权的审定总决算思想

蒋明祺在其文章和著作中多次提及审计机关的主要职责：一是监督预算之执行，二是稽察财务上的一切行为，三是审定总决算。"其中最重要的一项就是审定总决算。审计机关审定总决算乃是依据监督预算之执行和稽察财务上的一切行为的结果，监督预算之执行和稽察财务上的一切行为，乃是作为审定总决算的准备"（蒋明祺，1947）。"审计部得以审查国民政府主计处所编之总决算书，迳编审计报告书呈送国民政府公布之，不必再交立法院通过，是在职权尤为重大者，良足以表示其独立性质与司法精神"（蒋明祺，1934）。

民国时期审计具有审定总决算之职权由多部法律规定。1914 年《中华民国约法》、1923 年《中华民国宪法》规定国家岁出岁入之决算要经"审计院"审定。1938 年的《审计法》第四十五条规定，各级政府编制之年度总决算，应送审计机关审定，审计机关审定后，应加具审查报告，由"审计部"汇核呈"监察院"转呈国民政府。

财政决算是财政预算执行的总结，是国家经济活动在财政上的集中体现，反映国家的政策和各项事业的进程与成果；是研究经济问题，制定经济政策的参考；也是预算设计、实施、管理、平衡、资金使用效果和财政监督的全面检验。财政决算审计是指对地方政府年度财政预算执行总结果及所编制决算的合法性、合规性、真实性实施的审计，其必要性和重要性也不言而喻。包括蒋明祺在内的近代财政审计专家们将审定总决算视为审计机关最基本的职权，是所有审计职权中的重中之重，也可见其重要性。

（二）撤除审计限制思想

中华民国时期政府审计职权之行使，法律常有规定之限制。民国三年（1914 年）《审计法》就将"大总统""副总统"岁费暨政府机密费排除在审计外。民国十七年（1928 年）《审计法》则提及国债用途之审计程序依特别规则行之。民国十七年（1928 年）《审计法》规定本法与国民党党部决算计算之审查不适用之。民国二十六年（1937 年）四月，中央为谋民族生存国力充实起见，提出经济建设和国防建设两大计划，对于建设专款预算，为保守秘密力求敏捷起见，经过中央政治委员会决议，不适用寻常审计程序，公布办法另行组织建设事业转款审核委员会行之。蒋明祺（1942）认为，上述限定审计的做法"在事实上或为必需，然就审计法之立法精神与依条文规定而言，则犹根本未承认其存在也"。在蒋明祺（1942）看来，民国时期，总统机密费、外债、党费等涉及甚多政治、党派等秘密和利益，在《审计法》里对审计权限作出限制不仅与审计立法精神背离，同时容易成为滋生腐败的沃土。正因为如此，蒋明祺认为民国二十七年（1938年）《审计法》对"审计职权之限制，无所规定，悉已撤除"，"其进步发展，正复未可限量"。

笔者认为审计职权之撤除限制思想与今天审计全覆盖的概念有异曲同工之处。近代审计本为公众监督公共财政需求而产生，公共资金应审必审，如果因为政治、党派等各种原因，设立各种限制，必然损坏审计之独立精神以及公众对审计的认知。从这一角度来看，审计全覆盖概念的提出其重要性同样不言而喻。

七、结论和启发

蒋明祺先生从事政府审计工作多年，在审计实务历练的过程中，对政府审计理论也进行了深入全面的思考，其在政府审计的意义和功能、审计组织机构、审计人员、审计职权等各方面均有独特的思考和深入的见解。通过阅读其著作和文章，可以让今人窥得民国时期政府审计理论的全貌，对于建立我国当代的国家审计理论体系也有一定历史借鉴作用。更加值得关注的是，蒋明祺常常针砭时弊，指陈得失，尤显审计人员之独立客观之精神，他的政府思想虽有一定的时代局限性，但大部分思想内容已然是今人对政府审计的共识，例如，重视审计独立性，强调审计积极功能，强调审计人员的职业道德、重视审计总决算等思想内容，对于我们今天的审计制度仍有一定的启发意义。

参考文献

[1] 陈元芳. 中国会计名家传略 [M]. 上海：立信会计出版社，2013.

[2] 蒋明祺. 审计制度论 [J]. 会计杂志，1934（5）：79－95.

[3] 蒋明祺. 宪政时期之审计制度 [J]. 财政评论，1947（5）：11－17.

[4] 蒋明祺. 政府审计原理 [M]. 上海：立信会计图书用品发行社，1942.

[5] 潘序伦. 政府会计 [M]. 北京：商务印书馆，1935.

[6] 夏寒. 近代中国国家审计职业化：历史发展与启示 [J]. 南京审计学院学报，2016（6）：98－105.

[7] 肖高华. 立法型、行政型抑或独立型：近代我国审计监督法治转型之多重取向 [J]. 江汉论坛，2020（8）：109－118.

[8] 谢东慧，李相森，夏寒. 民国审计法规资料选编 [M]. 北京：知识产权出版社，2019.

[9] 徐以懋. 民国以来我国官厅审计之概况 [J]. 会计杂志，1933（5）：69－76.

[10] 杨汝梅. 解说宪法上之审计制度 [J]. 银行周报，1924（20）：5－8.

[11] 雍家源. 中国政府会计论 [M]. 北京：商务印书馆，1933.

[12] 赵友良. 中国近代会计审计史 [M]. 上海：上海财经大学出版社，1996.

[13] 中国审计学会. 评宪草的审计制度 [J]. 中华法学杂志，1947（5）：234－236.

审计整改视角下审计建议法律制度的完善[*]

——兼论新修订的《中华人民共和国审计法》第五十二条

沈 玲[**]

摘 要 审计监督发挥"治已病"和"防未病"的作用最终依靠审计整改的落实。审计整改包括根据审计决定及审计建议进行纠正和改进。审计机关提出审计建议并由被审计单位采纳整改是国家审计参与国家治理的更进层面。但是，有关审计建议的提出及采纳审计建议进行整改在法律和实践层面还存在一些问题。新修订的《中华人民共和国审计法》第五十二条对审计整改问题作出了专门规定，但不够完善。可从赋予审计建议法律强制力、提出对审计建议的具体要求、明确依法追责的对象和法律依据、补充有关审计建议的救济途径四个方面进一步健全审计建议法律制度，以发挥审计建议作用推动审计整改，促进国家审计深度参与国家治理。

关键词 审计整改 审计建议 新审计法 审计法实施条例

Improve the Legal System of Audit Recommendations from the Perspective of Audit Rectification

—Also on Article 52 of the New Audit Law of the People's Republic of China

Shen Ling

School of Law，Nanjing Audit University

Abstract：The function of audit supervision about "curing diseases" and "preventing diseases" finally depends on the implementation of audit rectification. Audit rectification includes cor-

---

＊ 基金项目：南京审计大学国家审计研究院课题"国家审计全覆盖视角下我国《审计法》修改完善问题研究"（20XSJB02）；教育部哲学社会科学重大攻关项目"更好发挥审计在党和国家监督体系中的重要作用研究"（19JZD027）；国家社科基金重大项目（21&ZD027）。

＊＊ 作者简介：沈玲（1982—），女，安徽马鞍山人，南京审计大学副教授，法学博士，主要研究方向为审计法律制度。

rection and improvement according to audit decision and audit suggestion. Audit institutions put forward audit suggestions and auditees adopt them for rectification, which is a further level for government audit to participate in national governance. However, there are still some problems in legal and practical aspects of putting forward and adopting audit suggestion for rectification. Article 52 of the New Audit Law of the People's Republic of China makes special provisions on audit rectification, but it is still imperfect. We can further improve the legal system of audit suggestion from four aspects: giving legal force to audit suggestion, putting forward specific requirements for audit suggestion, clarifying object and legal basis of accountability, and supplying the remedy approach of audit suggestion, so as to promote audit rectification, and promote government audit to participate in national governance deeply.

Keywords: audit rectification; audit suggestion; the New Audit Law; Regulation on the Implementation of the Audit Law

一、引　　言

审计的目的和效果最终体现于审计整改。习近平总书记和李克强总理对审计整改做了多次重要指示、批示。审计整改指被审计单位根据审计机关向被审计单位作出的审计决定和审计建议进行纠正及改进。审计决定是审计机关对被审计单位做出的处理、处罚和强制措施的具体行政行为，旨在纠正被审计单位的违法违规行为。审计建议是审计机关在深度剖析被审计单位存在的问题和问题产生的原因的基础上，向被审计单位提出完善意见，目的在于纠正问题、防止问题再犯、进一步规范管理等。审计建议的提出和采纳对审计整改具有非常重要的意义。关于审计决定的法律规定较为完备，有关审计决定的提出和执行审计决定进行整改在法律和实践上的问题较少。而关于审计建议的规定还很不完善，有关审计建议的提出和采纳审计建议进行整改在法律和实践层面还存在一些问题。为此，本文主要探讨如何完善审计建议法律制度推进审计整改。本文从赋予审计建议法律强制力，提出对审计建议的具体要求，明确依法追责的对象和法律依据，补充有关审计建议的救济途径四个方面对审计法实施条例提出完善建议。

二、文献回顾

审计整改问题一直是审计领域研究的热点问题，有关审计整改的文献较为丰富（刘力云，2012；杨亚军，2013；马轶群，2014；黄溶冰，2017；广东省审计学会课题组，2018；等）。尤其是2020年以来，随着党中央、国务院和各级审计机关对审计整改问题的重视程度的持续提高，关于推动审计整改工作的研究不断深化。例如，以审计督促整改权的设计和实现机制为视角研究推进整改（王扬，2020），加强对审计整改制度的系统设计以深化审计整改（赵洪超，2021），等等。从法学角度看，审计整改包括执行审计决定和采纳审计建议两个方面，但从此角度探讨审计整改的文献并不多（王扬，2020；王薛，2019；靳思昌，2019）。关于审计决定的现有规定相对较为完备，所以更有必要以审计建议制度为视角探讨如何推动审计整改。遗憾的是，研究审计建议的文献不多（俞腾，2014；郑石桥，2015；陆晓晖，2015），深入研究审计建议与审计整改的文献更为鲜见。因此，本文以2021年新修订的《中华人民共和国审计法》（以下简称新《审计法》）出台为契机，探讨完善现行审计建议制度，以推动审计整改，更好地发挥审计监督在推进国家治理体系和治理能力现代化中的作用。

三、审计建议视角下审计整改法律制度的发展

1994年，我国第一部《审计法》出台。1994年《审计法》对审计决定作了规定，审计机关对违反国家规定的财政收支、财务收支行为在法定职权范围内作出审计决定，没有提出"审计整改"的概念，也没有关于"审计建议"的规定。2006年，第十届全国人民代表大会常务委员会修订了《审计法》。针对国家审计重审计轻整改的问题，2006年《审计法》明确提出被审计单位要执行审计决定，如拒不执行，审计机关可采取相关措施；但并未明确提出审计整改，也没有关于审计建议的规定。2010年，《中华人民共和国审计法实施条例》（以下简称《审计法实施条例》）修订，同样未明确提出审计整改和审计建议。2006年《审计法》和2010年《审计法实施条例》虽未明确审计整改，但实质上对审计查处问题提出了改正的要求。2011年，《国家审计准则》实施，首次提出审计整改和审计建议，设专节规定审计机关应当建立审计整改检查机制，对审计建议的提出和审计机关检查根据审计建议采取措施情况作出了规定。

虽然2006年《审计法》和2010年《审计法实施条例》未明确提出审计整改，但对审计决定的作出和执行作了较为完备的规定。根据《审计法》《审计法实施条例》等法律规定，审计机关在法定职权范围内作出对被审计单位做出的处理、处罚和强制措施的审计决定。审计决定具有强制力，被审计单位应当按照审计机关规定的期限和要求执行审计决定，被审计单位不执行审计决定的，审计机关应当责令限期执行；逾期仍不执行的，审计机关可以申请人民法院强制执行，建议有关主管机关、单位对直接负责的主管人员和其他直接责任人员给予处分。同时，《审计法》和相关法律法规规定，被审计单位对审计机关作出的审计决定不服，可依法选择申请行政复议、提起行政诉讼和提请政府裁决等救济途径；并对拟作出较大数额罚款的处罚决定规定了听证程序。

2006年《审计法》和2010年《审计法实施条例》未对审计建议作出规定。国家审计准则首次明确提出审计建议，规定审计机关针对审计发现的问题，根据需要提出改进建议；①

---

① 《中华人民共和国国家审计准则》第一百二十三条：审计报告的内容主要包括：……（八）针对审计发现的问题，根据需要提出的改进建议。

《中华人民共和国国家审计准则》第一百二十五：专项审计调查报告除符合审计报告的要素和内容要求外，还应当根据专项审计调查目标重点分析宏观性、普遍性、政策性或者体制、机制问题并提出改进建议。

审计报告的内容应包括以往审计建议采纳情况;① 审计机关应检查或者了解被审计单位根据审计机关的审计建议采取措施的情况;② 审计机关公布的审计结果应包括审计建议。③ 根据《国家审计准则》的规定,与审计整改中的审计决定不同,审计机关对被审计单位提出的审计建议没有法律强制力,被审计单位不是必须采纳审计建议进行整改,若不采纳审计建议进行整改,并不承担法律责任。

四、审计机关参与国家治理的两个层面

审计机关作出审计决定和提出审计建议都是在依法履行审计监督权,但二者有显著区别。

(一) 法律监督:作出审计决定并要求执行整改

审计决定是审计机关对被审计单位做出的处理、处罚和强制措施的具体行政行为。根据 2006 年《审计法》第四十一条④和其他相关规定,审计决定针对的是被审计单位的违法违规行为,审计决定内容是对被审计单位进行处理、处罚和强制措施。被审计单位即管理、分配和使用公共资金、国有资产和国有资源的单位,包括各部门、国有企事业单位、金融机构等,是法律制度的重要实施主体。审计机关依法独立行使审计监督权,开展经常性制度化的审计监督,在财政、金融、企业、民生、资源环境、经济责任等各项审计中,监督被审计单位管理、分配和使用公共资金、国有资产和国有资源的真实合法效益情况,检查被审计单位在经济、政治、文化、社会、生态各领域是否严格遵守法律法规;发现违法行为后,审计机关要依法对违法行为予以处理处罚作出审计决定,不执行审计决定的,审计机关应当责令限期执行,逾期仍不执行的,审计机关可以申请人民法院强制执行,建议有关主管机关、单位对直接负责的主管人员和其他直接责任人员

---

① 《中华人民共和国国家审计准则》第一百二十三条:审计报告的内容主要包括:……(五)以往审计决定执行情况和审计建议采纳情况;(六)审计发现的被审计单位违反国家规定的财政收支、财务收支行为和其他重要问题的事实、定性、处理处罚意见以及依据的法律法规和标准;(七)审计发现的移送处理事项的事实和移送处理意见,但是涉嫌犯罪等不宜让被审计单位知悉的事项除外;(八)针对审计发现的问题,根据需要提出的改进建议。

② 《中华人民共和国国家审计准则》第一百六十四条:审计机关主要检查或者了解下列事项:(一)执行审计机关作出的处理处罚决定情况;(二)对审计机关要求自行纠正事项采取措施的情况;(三)根据审计机关的审计建议采取措施的情况;(四)对审计机关移送处理事项采取措施的情况。

③ 《中华人民共和国国家审计准则》第一百五十八条:审计机关公布的审计和审计调查结果主要包括下列信息:(一)被审计(调查)单位基本情况;(二)审计(调查)评价意见;(三)审计(调查)发现的主要问题;(四)处理处罚决定及审计(调查)建议;(五)被审计(调查)单位的整改情况。

④ 《中华人民共和国审计法》第四十一条:审计机关按照审计署规定的程序对审计组的审计报告进行审议,并对被审计对象对审计组的审计报告提出的意见一并研究后,提出审计机关的审计报告;对违反国家规定的财政收支、财务收支行为,依法应当给予处理、处罚的,在法定职权范围内作出审计决定或者向有关主管机关提出处理、处罚的意见。

审计机关应当将审计机关的审计报告和审计决定送达被审计单位和有关主管机关、单位。审计决定自送达之日起生效。

给予处分，并将审计结果向政府通报或向社会公布。可见，审计机关作出具有法律强制力的审计决定要求被审计单位执行进行整改，是依法进行法律监督。从这个层面上说，审计机关是法律监督机关。

（二）深度参与国家治理：提出审计建议并被采纳整改

审计机关不仅对被审计单位的违法违规行为进行查处，也发挥审计的建设性作用，把审计发现的问题放在改革发展大局下审视，深入分析和揭示问题背后的体制性障碍、机制性缺陷和制度性漏洞及可能导致的风险隐患，向被审计单位提出审计建议，从源头上减少和避免问题再度发生，由此推进国家治理体系和治理能力现代化。

这些"问题""障碍""缺陷""漏洞"并非违法违规问题，但对进一步规范管理、防范风险、消除隐患和提升被审计单位管理水平和运行效能具有重要意义。如果说审计决定能对被审计单位的本次违法违规问题进行查处纠偏，那么审计建议则防患未然，具有"治本"的作用。2020 年，全国审计机关共报送审计报告和信息 13 万多篇，提出建议 15 万多条，推动建立健全规章制度 6000 多项。①

审计机关如何发挥作用，决定了国家审计参与国家治理的深度和对推进国家治理体系和治理能力现代化的贡献。审计机关关注揭示被审计单位的违法违规问题并作出审计决定，予以查处纠错，即"治已病"，是审计机关发挥自身优势弥补国家治理短板的重要表现，这是国家审计参与国家治理的第一个层面。

随着国家治理体系和治理能力的不断完善和增强，法律制度的执行和监督也相对成熟，多元主体面临的困难和关注重点已不主要是如何避免违法违规的底线问题，而是更复杂、更细致、更专业的决策困境（薛小蕙，2021），例如，克服体制性障碍、机制性缺陷和制度性漏洞以及防范其可能导致的风险隐患，即"防未病"。审计机关对被审计单位的审计过程就是对审计对象的研究过程，并能在开展跨地区、跨部门、跨层级、跨主体的整体分析和综合研判基础上，在改革发展大局下审视发现的问题，对被审计单位提出精准、具体、可操作的审计建议。因此，审计机关有能力、也应该注重发挥审计建议的建设性和前瞻作用，为多元主体提供决策服务（薛小蕙，2021），进一步契合国家治理的需求，拓展参与国家治理的深度和广度。

以上分析可知，审计机关提出审计建议并由被审计单位采纳整改突出体现了审计机关作为宏观管理部门的职能，是国家审计参与国家治理的更进层面。因此，如何充分发挥审计建议作用推动审计整改，直接关系审计监督参与国家治理的深度和广度，以及审计监督推进国家治理体系和治理能力的效能，意义重大。

---

① 《全国审计工作会议在京召开》，中国政府网，http：//www.gov.cn/xinwen/2021 - 01/08/content_5578217.htm? gov，2021 年 1 月。

五、审计建议推动审计整改中存在的问题

与审计决定具有法律上的强制力不同，目前，国家审计准则仅对审计建议的提出、采纳情况的反映和对采纳情况的检查作出了规定，没有关于审计建议的强制性规定，没有要求被审计单位必须采纳审计建议，审计机关没有法律依据追究拒不采纳审计建议的相关责任人的责任，由此导致了一些问题。

（一）被审计单位对审计建议重视不够

由于审计建议在法律层面仅是"建议"，被审计单位存在"重处理处罚决定、轻建议"的观念，对采纳审计建议规范管理、完善制度、防范重犯于未然不够重视。实践中，有的被审计单位故意拖延不及时整改或者采取一些措施应付整改检查，并不关注其实施效果；还有的单位选择性采纳审计建议，对涉及自身利益的问题或需下大力气进行整改的事项避重就轻、敷衍了事。这影响了审计整改的严肃性，影响审计效果和审计目的的实现。

（二）审计机关对审计建议的自我要求不高

根据相关规定，被审计单位对审计决定不服的可依法申请本级人民政府裁决，依法申请行政复议或者提起行政诉讼；上级审计机关可责成下级审计机关变更或者撤销违反国家有关规定的审计决定，必要时上级审计机关也可直接变更或撤销。前述规定是为被审计单位提供的救济途径，也是对审计决定的规范和监督。由于法律层面没有赋予审计建议强制力，所以，没有为审计建议提供救济途径，对审计机关提出的审计建议也相应缺乏有力的规范和监督。审计机关对审计建议的自我要求不高。目前，审计建议还不同程度地存在"问题定性不准""体制机制问题分析研究不深""抽象空洞可操作性不强"等问题，给被审计单位采纳审计建议、落实审计整改造成了障碍，屡审屡犯与此也不无关系。

（三）关于审计建议的规定与相关文件要求不协调

根据《国务院关于加强审计工作的意见》和《关于完善审计制度若干重大问题的框架意见》等相关文件的要求，"对审计发现的问题和提出的审计建议，被审计单位要及时整改和认真研究，有关部门和单位要认真研究，及时清理不合理的制度和规则，建立健全有关制度规定""审计机关要建立整改检查跟踪机制，必要时可提请有关部门协助落实整改意见""把审计结果及其整改情况作为考核、奖惩的重要依据""对整改不力、屡审屡犯的……严格追责问责"。

根据党中央和国务院有关文件要求，被审计单位对审计建议并非可采可不采，而是被审计单位应当根据审计建议采取措施健全制度，并要对整改不力的追责问责。可见，

在是否必须采纳审计建议落实整改的问题上，2006 年《审计法》以及相关法规和规章与党中央、国务院有关文件的要求存在较大差异。

审计建议对推动审计整改，促进国家审计充分有效参与国家治理及推进国家治理体系和治理能力现代化很有意义。而目前审计建议法律制度还不够完善并导致了一些问题，有必要完善审计建议法律制度。

六、完善审计建议法律制度推动审计整改

（一）赋予审计建议法律强制力

1. 赋予审计建议法律强制力的必要性

虽然审计法律法规和规章未赋予审计建议法律强制力，但由于党中央、国务院的有关文件对审计建议的采纳并据此整改提出了明确的要求，审计建议对落实审计整改也发挥了重要作用。究其原因，开展国家治理、推进国家治理体系和治理能力现代化从来就不是仅仅依靠坚持和完善法律法规和规章，而是法律法规和规章与规范性文件共同发挥作用的结果。法律和文件共治已经成为我国国家治理的真实图景。一方面，规范性文件能够充实和完善法律规范体系；另一方面，规范性文件的灵活性和效率性能够对迅疾变化的社会要求做出及时的应对和调整（薛小蕙，2021）。随着党中央、国务院落实审计整改的要求越来越高，审计法律规范已不能及时跟进审计整改尤其是采纳审计建议落实整改的需要，进而产生法律规范的真空。党中央、国务院应现实需求，制定了《国务院关于加强审计工作的意见》《关于完善审计制度若干重大问题的框架意见》等规范性文件对采纳审计建议进行整改提出了要求，填补了法律空白。

2021 年 10 月 23 日，十三届全国人大常委会第三十一次会议通过《全国人民代表大会常务委员会关于修改〈中华人民共和国审计法〉的决定》，国家主席习近平签署第 100 号主席令予以公布，自 2022 年 1 月 1 日起施行。新《审计法》新增第五十二条①，第五十二条反映了有关规范性文件的要求，体现了规范性文件是法律修订的重要来源，也使规范性文件获得了法律支持。从新《审计法》第五十二条可知，拒不整改或弄虚作假的，依法追究责任，换言之，审计决定应被执行，审计建议也应被采纳并据此进行整改，否则将依法追究责任。试想，如果审计建议没有法律上的强制力，凭何依法追究责任呢？因此，根据新《审计法》第五十二条，审计建议事实上就被赋予了法律强制力。结合第五十二条的相关内容，为避免产生模糊，有必要明确审计建议的强制力。新《审计法》实施一段时间后，还要根据其实施情况对《审计法实施条例》做修订。因此，建

---

① 新《审计法》第五十二条：被审计单位应当按照规定时间整改审计查出的问题，将整改情况书面通知审计机关，同时向本级人民政府或者有关主管机关、单位报告，并按照规定向社会公布。各级人民政府和有关主管机关、单位应当督促被审计单位整改审计查出的问题。审计机关应当对被审计单位整改情况进行跟踪检查。审计结果以及整改情况应当作为考核、任免、奖惩领导干部的重要参考；拒不整改或者整改时弄虚作假的，依法追究责任。

议在《审计法实施条例》中增加规定：被审计单位应当根据审计建议进行整改。另外，由于审计建议中"建议"二字易被理解成可采可不采，可考虑调整"审计建议"的表述。

2. 被审计单位不采纳审计建议整改的法律后果

《审计法》对被审计单位不执行审计决定规定了审计机关责令限期执行，逾期仍不执行的，审计机关可以申请人民法院强制执行的法律后果。审计决定的内容是对被审计单位的处理、处罚和强制措施，[①] 人民法院是可以针对这些内容予以强制执行的。但审计建议与审计决定有所不同，审计建议的内容人民法院无法强制执行，例如，要求被审计单位建立健全某项管理制度。因此，在法律制度上需要探索设计一个与审计建议特点相适应的、能够起到实际效果的法律后果。

综上所述，建议在《审计法实施条例》中增加规定：被审计单位应当根据审计建议进行整改。被审计单位不采纳审计建议进行整改，由审计机关责令改正，可以通报批评，给予警告。

（二）提出对审计建议的具体要求

根据新《审计法》第五十二条规定，"拒不整改或者整改时弄虚作假的，依法追究责任"，既然要追究责任，则应对该条所涉的审计建议作出严格要求。第一，审计建议由审计机关对被审计单位提出，针对审计查出问题。第二，审计建议应对被审计单位提出明确的义务性要求，指明被审计单位整改目标，细化的整改方案则由被审计单位根据自身情况制定；对于能够马上进行整改的，审计建议应提出明确时限，对于涉及体制机制或相关法规政策不完善而提出改革完善制度的，也应提出中长期的整改时间表，以有利于被审计单位明确整改目标提高整改效率，利于有关单位督促和审计机关跟踪检查整改有据可依。第三，审计建议应合法合理，应以审计机关深入研究被审计单位并开展跨地区、跨部门、跨层级、跨主体的整体分析和综合研判为基础，必须符合被审计单位实际。在书面征求被审计单位意见阶段，审计机关要加强与被审计单位的沟通交流，统一审计机关与被审计单位有关审计建议的认识；在复核、审理阶段，审计机关要提高对审计建议相关问题的重视，以保证审计建议的合法性、合理性，促进被审计单位积极有效整改。

因此，建议在《审计法实施条例》中增加规定：审计机关针对审计查出问题对被审计单位提出审计建议，并在审计建议中提出明确的整改要求和整改时限，指明整改目标。审计建议应合法合理，符合被审计单位实际情况。

---

① 例如，审计机关作出的责令限期缴纳、上缴应当缴纳或者上缴的收入、限期退还违法所得、限期退还被侵占的国有资产等审计处理行为；审计机关作出的罚款、没收违法所得等审计处罚行为；审计机关采取的通知有关部门暂停拨付有关款项、责令暂停使用有关款项等强制措施行为。

（三）明确依法追责的对象和法律依据

新《审计法》第五十二条规定，"审计结果以及整改情况应当作为考核、任免、奖惩领导干部的重要参考；拒不整改或者整改时弄虚作假的，依法追究责任"。有两个问题需要明晰：一是依法追责的对象，二是依法追责依何法。关于这两个问题，应在《审计法实施条例》中予以进一步明确。根据有关文件的要求，整改第一责任人是被审计单位的主要负责人。因此，依法追究责任的对象主要是被审计单位的主要负责人，除此之外是否包括其他责任人尚需进一步研究。

依法追责依何法，目前新《审计法》未予细化。依法追责主要应依据《公职人员政务处分法》《监察法》和《公务员法》等相关法律规定。例如，《公职人员政务处分法》第三十九条规定，公职人员不履行或者不正确履行职责，玩忽职守，贻误工作的；工作中有形式主义、官僚主义行为的；工作中有弄虚作假，误导、欺骗行为的，造成不良后果或者影响的，予以警告、记过或者记大过；情节较重的，予以降级或者撤职；情节严重的，予以开除。《监察法》第四十五条规定，监察机关对不履行或者不正确履行职责负有责任的领导人员，按照管理权限对其直接作出问责决定。

据此，建议《审计法实施条例》增加规定：审计结果以及整改情况应当作为考核、任免、奖惩领导干部的重要参考；拒不整改或者整改时弄虚作假的，依《公职人员政务处分法》《监察法》和《公务员法》等有关法律规定对被审计单位主要负责人追究责任。同时，建议在新的《审计法实施条例》中以一条多目的形式，区分拒不整改或者整改时弄虚作假的不同情形或情节，具体规定追责的法律依据和承担的法律责任。

（四）补充有关审计建议的救济途径

如前所述，根据新《审计法》第五十二条的规定，"被审计单位应当按照规定时间整改审计查出的问题……审计结果以及整改情况应当作为考核、任免、奖惩领导干部的重要参考；拒不整改或者整改时弄虚作假的，依法追究责任"，实际上已经赋予审计建议对被审计单位和责任人的法律强制力。因此，无论是否明确所涉审计建议具有法律强制力，根据第五十二条的规定，审计建议与审计决定在本质上并无差别，均能对相关主体的权利义务产生直接影响，因此应为其提供救济途径。

由于对责任人追责主要依据《公职人员政务处分法》《监察法》《公务员法》等，相关法律规范中已为其提供了救济途径，例如，复审、复核等，所以没有必要在《审计法》中再予以规定。审计法律制度中需要对被审计单位的救济途径予以规定。关于审计决定的救济途径，根据其是关于财政收支还是财务收支区分了政府裁决与复议诉讼两类途径。审计建议的内容往往无法按照财政或财务收支划分，故若被审计单位对审计建议不服，复议或诉讼即可。

据此，建议《审计法实施条例》规定：被审计单位对审计机关作出的审计建议不服，可以依法申请行政复议或者提起行政诉讼。

综上所述，审计建议法律制度对推动审计整改和促进国家审计深度参与国家治理具有重要意义。新《审计法》针对审计整改专门新增的第五十二条较为概括，并未对采纳审计建议进行整改作出具体的可操作的规定，可能导致实践中法律适用的障碍，也不利于充分发挥审计建议的作用。因此，法律层面仍需对第五十二条进行进一步的补充和细化。除此之外，关于审计建议的法律制度还有不少问题值得研究，例如，依法追究责任的对象除被审计单位的主要负责人外是否包括其他责任人；如何区分拒不整改或者整改时弄虚作假的不同情形或情节，具体规定追责的法律依据和承担的法律责任等。

参考文献

[1] 广东省审计学会课题组. 完善审计制度与市县审计机关发展研究 [J]. 审计研究, 2018 (2): 18 – 23.

[2] 黄溶冰. 审计处理、审计整改与财政收支违规行为 [J]. 财经理论与实践, 2017 (2): 81 – 86.

[3] 靳思昌. 双罚制视阈下国家审计整改效果研究 [J]. 宏观经济研究, 2019 (7): 161 – 175.

[4] 刘力云. 跳出屡审屡犯的审计困局 [J]. 人民论坛, 2012 (7): 7.

[5] 陆晓晖. 美国审计署推动审计建议执行的主要方式 [N]. 中国审计报, 2015 – 01 – 14 (005).

[6] 马轶群. 国家审计质量的区域差异性研究——基于动态面板的系统广义矩估计检验 [J]. 当代财经, 2014 (11): 119 – 128.

[7] 王薛. 国家监察制度改革背景下的政府审计整改推进研究 [J]. 审计观察, 2019 (10): 78 – 84.

[8] 王扬. 监督视阈下审计督促整改权及其实现机制研究 [J]. 审计研究, 2020 (4): 22 – 27, 50.

[9] 薛小蕙. 法律 – 文件共治模式的生成逻辑与规范路径——基于四十年教育规范性文件的考察 [J]. 交大法学, 2021 (4): 108 – 120.

[10] 杨亚军. 国家审计推动完善国家治理路径研讨会综述 [J]. 审计研究, 2013 (4): 14 – 19.

[11] 俞腾. 要努力提高审计建议的针对性、实用性 [N]. 中国审计报, 2014 – 11 – 26 (002).

[12] 赵洪超. 加强系统设计 深化审计整改 [J]. 审计观察, 2021 (4): 41 – 43.

[13] 郑石桥. 微观审计建议实施机制：理论架构和案例分析 [J]. 中国内部审计, 2015 (4): 15 – 20.

审计整改影响审计周期决策吗？[*]

——来自部门预算执行审计的证据

孟金卓　孙铭禧[**]

摘　要　本文根据历年中央预算单位预算执行审计结果公告中的相关信息，引入生存分析方法分析预算单位前期审计整改对其审计周期的影响。研究结果显示，前期接受审计时的问题整改速度越快，再一次接受审计的概率越低，审计周期也就越长。同时，前期完成整改的问题资金多少与后期接受审计的时间跨度之间不存在统计上的显著关系。研究结果意味着审计整改情况已经成为审计机关计划决策的影响因素，这是风险导向审计理念与国家审计实践想融合的重要证据。

关键词　审计整改　审计周期　预算执行审计　生存分析　审计结果公告

Does the Audit Rectification Affect the Audit Cycle Decision?

—Based on the Evidence from the Department Budget Implementation Audit

Meng Jinzhuo　Sun Mingxi

School of Government Audit, Nanjing Audit University

Abstract：Based on the relevant information in the audit result announcements of budget implementation of central budget unit, this paper introduces survival analysis method to analyze the impact of the previous audit rectification of budget units on their audit cycles. The results of

---

[*] 基金项目：审计署 2021 至 2022 年度重点科研立项课题"审计监督的政治属性研究"（21SJ01005），南京审计大学青年教师科研培育项目"部门预算审计成果的决策有用性研究"（18QNPY007）。

[**] 作者简介：孟金卓（1984—），男，浙江诸暨人，南京审计大学讲师，经济学博士，主要研究方向为政府审计；孙铭禧（1999—），女，江苏无锡人，南京审计大学硕士研究生，主要研究方向为政府审计。

the study show that the faster the audit rectification speed of central budget unit in the previous stage，the lower the probability of audit in the later stage，and the longer the audit cycle. At the same time，there is no statistically significant relationship between the number of rectification problems completed in the previous stage and the time span of the subsequent audit. The research results indicate that audit rectification has become an influential factor in audit institutions' planning decision，which is an important evidence of the integration of risk-oriented audit concept and government audit practice.

Keywords：audit rectification；audit cycle；budget implementation audit；survival analysis；audit result announcement

一、引　　言

《中华人民共和国宪法》第九十一条与《中华人民共和国审计法》（以下简称《审计法》）第十七条规定，要对中央预算执行情况和其他财政收支情况进行审计监督，国家审计署官方网站自 2004 年起每年发布中央部门单位年度预算执行等情况的审计结果公告，这为我们考察部门预算执行审计情况提供了基础信息。由于审计资源与审计技术的固有约束，国家审计署长期以来都无法在同一年度对所有中央预算单位的全部公共资金使用与管理情况进行审计，只能选择审计部分中央一级预算单位，并针对性地选择部分二级预算单位进行延伸审计。① 即便国家审计署在 2018 年首次对中央一级预算单位实现审计全覆盖，但是对二级预算单位的审计覆盖面仍然较低。

如何选定具体审计对象，是审计实践中一个无法回避的技术问题，能否妥善解决这一问题会直接影响审计工作的效率及效果。从《国家审计准则》相关条款中可以找到该问题答案的一些线索，但审计实践是否契合准则条款背后的审计理念仍然需要进行实证检验。本文将中央部门单位年度预算执行等情况审计的对象确定问题转化为如何确定不同中央预算单位的审计周期长短，基于风险导向审计理念及《国家审计准则》中的基本要求，分析中央预算单位预算执行审计查出问题的整改情况对该预算单位审计周期的影响，并通过实证分析检验相关假设。本文的第二部分对近年来的相关研究进行评述，分析审计整改影响审计周期的内在机理并提出研究假设；第三部分介绍生存分析方法、变量设计及样本取舍等研究设计问题；第四部分列示实证检验结果并得出整改速度影响审计周期，而整改规模并不影响审计周期的基本结论；第五部分总结全文并提出研究展望。

本文的创新之处在于：第一，从审计整改的角度窥视历史信息记录对审计机关计划决策的影响。审计决策过程通常不为外人所知，本文结合风险导向审计的基本原理分析

---

① 本文的预算单位统计与分析均不包含国家审计署。除非有特殊说明，本文所谓的预算单位是指审计结果公告中披露的所有不同的一级预算单位，包括因为组织机构调整而目前已经不存在的单位以及发生重组、更名等情况的单位，重组或更名前后的单位视为不同的预算单位。

了前期审计整改情况对后期审计决策的影响。第二，审计周期实质上是指审计对象处于未接受审计状态的持续时间，本文采用生存分析方法研究审计周期问题，是审计研究方法运用上的创新。生存分析方法已广泛应用于生物、医学等自然科学领域，近年来在国际贸易、人口与就业、反腐败等社会科学领域也开始得到较为广泛的运用，但在国家审计领域尚无先例。第三，基于不可观测的异质性模型，缓解了信息缺失对审计实证的不利影响。在审计计划阶段作出审计决策时依赖大量的信息，但是研究人员能够获悉的信息相对有限。本文通过引入异质性模型避免遗漏变量对回归结果的影响，确保了本文结论的可靠性，这也是对审计实证研究方法的拓展。

二、文献综述与研究假设

（一）文献综述

1. 部门预算执行审计与整改相关研究

经常性的部门预算执行审计监督有助于摸清政府部门家底，揭露查处重大违法违纪问题，提高财政资金使用效益，推动财政体制改革不断深化（虞伟萍，2001）。从审计发现问题来看，部门预算执行中普遍存在项目预算管理不严、转移支付资金预算管理不科学、对二级预算单位监管薄弱等问题（钱啸森和吴星，2008），问题整改存在阻力，屡审屡犯现象较为普遍（欧阳华生等，2009）。针对上述问题，学者们既从微观层面提出了深化中央部门预算执行审计工作的具体建议（钱啸森和吴星，2008），也从体制机制层面考虑了改进审计监督效果的改革方向（欧阳华生等，2009），还具体从机制设计方面提出了加强审计整改的建设性思路（雷俊生，2017；赵保卿和张婧，2017；张海兰和张月明，2013）。从审计结果公告的结果来看，中央部门预算执行审计仍然以合法合规性审计为主，绩效审计方法没有得到足够重视（吴勋和孙萌，2016），审计整改工作的重视程度得到提高，但是整改手段比较单一（吴勋和孙萌，2016；王春飞等，2016）。在审计项目组织安排方面，预算执行审计监督全覆盖尚未到位，重点审计对象动态调整机制不够健全（郑朝阳和朱飞，2019）。在部门预算执行审计制度的运行效果方面，有实证研究结果显示中央部门预算执行审计不是抑制了预算违规，而是诱导了预算违规，其原因在于审计处理仅仅是让审计发现的问题回归本位，审计处罚没有力度使得预算违规成为理性行为（宋达和郑石桥，2014）。另有研究发现，部门预算调整方向影响预算违规比例，预算透明可以抑制预算违规行为，因此要完善人大预算审批与监督机制，强化预算执行事中审计，优化政府预算管理（郑石桥和孙硕，2017）。

2. 审计周期相关研究

对于审计周期的界定并没有官方的权威解释，在审计研究中出现了关于审计周期的多种理解。第一种观点将审计周期理解为前后两次审计的时间间隔（郑石桥和施然，2015），第二种观点将审计周期理解为审计事项的时间跨度（王子龙和池国华，2016），第三种观点将审计周期理解为审计项目的持续时间（时现，2001）。本文关注于审计对象的确定问题，因而在后续研究中采用第一种观点。在各国的国家审计实践中，审计周期确立的依据包括循环审计模式、风险导向模式、成本效益分析法、综合评价分析法、层次分析法等，我国的《国家审计准则》要求先调查审计需求，再从中进行项目评估与筛选（郑石桥和施然，2015）。对于不同审计对象的审计周期安排，早期有实务专家提出对一级预算单位和重点二级预算单位应坚持每年审计 1～2 次，对其他单位可按风险程度排序，每年审计一次或两三年轮审一次（虞伟萍，2001）。不过从实践情况来看，这一观点或许过于激进，因为这对审计资源投入及审计技术方法提出了较高的要求。也有一项调查结果显示，多数审计人员认为对财政部门与税收部门应当每年进行审计；对那些公共权力巨大、公益性强和公众关注度高的部门需要 2～3 年审计一次；对其他预算批复资金较少的部门实行不定期审计，审计周期为 5 年或者不定期（上海市审计局课题组，2011）。为此，必须要合理制定中长期规划，综合权衡覆盖面与时效性，并结合实际情况适度调整（付忠伟等，2015）。相比之下，学术界人士提出的主张具有明显的技术特征与风险导向，提倡采用非期望产出与信息熵原理（杨琴，2013）、两阶段 DEA 模型（马建峰等，2015）等技术方法来遴选审计对象。但是这些研究中的技术方法很难运用到预算执行审计等领域，原因在于中央预算单位的产出很难量化，无法构建具有直接经济价值的产出指标。

3. 研究评述

相关研究对于部门预算执行审计的作用与意义、常见问题的表现与成因都有了较为一致的看法，而且普遍认为需要进一步优化问题整改机制、建立健全惩处机制。从研究方法上看，实证研究逐渐占据主流，而且已经从早期对审计公告结果的描述性统计分析逐渐转向基于面板数据的回归分析。但是从研究主题来看，有关不同审计对象的审计周期确定问题（等同于某一时间节点下的审计对象选择问题）尚未进行深入的实证研究，仅仅是提供了一些决策思路或方法，对于审计现象背后的逻辑与规律缺少分析与论证。

（二）制度背景与研究假设

对中央预算单位年度预算执行等情况的审计属于审计机关的必选审计项目，按照现行《国家审计准则》第三十二条的规定，可以不进行可行性研究，但是《国家审计准则》第二十八条至第三十条中有关确定备选审计项目及其优先顺序的基本原则仍然构成了审计周期的分析基础。《国家审计准则》第四十八条及第四十九条有关审计工作方案的具体规范内容则是我们研究审计周期的切入点，某个中央预算单位是否被列入下一年度审计工作方案中的审计对象，直接决定了该单位的审计周期。尽管我们无法获悉审计工作方案的具体内容，但是通过审计结果公告中披露的相关情况，我们至少可以倒推该单位是否纳入当年的审计对象范围。考虑到本文研究的时间跨度较长，在此期间审计准则发生了变更，本文研究中还参考了部分当时适用但目前已经废止的审计准则和规定。

根据《国家审计准则》的相关要求，审计机关在确定年度审计项目计划时需要调查审计需求并初步选择审计项目，再对初选审计项目进行可行性研究。在可行性研究环节，审计机关的重点研究内容之一便是以前年度审计情况。而在确定备选审计项目及其优先顺序时，则需要考虑到风险水平、预期效果、审计频率和覆盖面等诸多因素。因此，从审计规范的要求来说，前期审计发现问题的整改情况应当是后期审计计划决策的重要参考。在接受审计以后完成问题整改资金较多的单位，其整改行为往往能产生较多的正面效果，对提升单位内部管理水平具有较大的积极意义。考虑到中央预算单位通常是特定系统、行业及公共事务的管理者，完成较大规模的问题资金整改往往也会对经济社会良性发展具有较好的保障作用。从优化审计项目立项及整合审计项目运行的角度而言（张道潘和刘世林，2019），完成问题整改资金较多的单位通常昭示着较好的整改效果，此类单位在下一年度审计时可能不再作为审计重点关注的对象。在不考虑其他因素的情况下，对此类单位的审计频次可以适当减少，审计周期可以适当延长。根据上文的分析，本文提出以下研究假设：

假设1：预算单位前期整改问题资金规模越大，其后的审计周期越长。

审计整改又可分为事中整改与事后整改，前者是在审计过程中得以完成的，后者是在出具审计报告和审计决定后要求被审计单位按期完成的（黄溶冰，2018）。按照《审计法》第四条的规定，国务院应当每年向全国人民代表大会常务委员会提出国家审计署对中央预算执行和其他财政收支的审计工作报告，审计工作报告中指出的问题的纠正情况和处理结果也需要向全国人民代表大会常务委员会报告。现实中，国家审计署接受国务院委托，在每年六月底向全国人大常委会作年度中央预算执行和其他财政收支的审计工作报告，并随后对外公告中央预算单位年度预算执行等情况的审计结果。在此公告中披露了事中整改的情况，且各预算单位之间的差异度较大。与此同时，国家审计署还在每年底接受国务院委托，向全国人大常委会报告审计整改情况。从整改报告结果的披露结果来看，年底时的整改比例整体上已经在90%左右，难以体现中央预算单位之间的差异。

已有研究结果表明，审计整改对被审计单位的行为具有明显的正向影响。本期高质量的审计整改会减少后期被审计单位的违规行为（马轶群，2014），审计整改绩效与腐败水平负相关，审计整改在抑制腐败发生过程中具有重要作用（刘泽照和梁斌，2015）。如果审计整改速度较快，尤其是事中完成整改资金占所有需要整改资金的比例较高，则有可能是审计查出的问题较为简单，不涉及体制机制等难以在短期内改变的事项；也有可能是该预算单位对问题较为重视，积极主动推进问题整改落实。对于此类预算单位，在不考虑其他因素的情况下，审计机关在审计计划阶段会得出重大错报风险相对较低、预期审计成果相对较小的判断。此类预算单位被纳入审计范围的可能性自然就下降了，其审计周期也得以延长。根据上文的分析，本文提出以下研究假设：

假设2：预算单位前期审计整改速度越快，其后的审计周期越长。

三、研究设计

（一）技术方法

本文将审计周期定义为前后两次审计的时间间隔，因此也可以将这段时间理解为未接受审计的时长。在后续内容中将中央预算单位未接受审计的状态界定为"生存"状态，一旦接受审计则为"死亡"状态。记中央预算单位在生存状态中持续的时间为 T，而用一般的最小二乘法（OLS）模型得到的预测值可能为负值，所以必须要引入生存分析方法处理相关数据。假设 T 为连续型随机变量，将其概率密度函数及累积分布函数定义为 $f(t)$ 及 $F(t)$。定义生存函数为中央预算单位"生存期"超过 t 的概率：

$$S(t) = P(T > t) = 1 - F(t), t \geq 0 \tag{1}$$

定义风险函数为中央预算单位在 t 时刻的瞬时"死亡率"：

$$\lambda(t) = \lim_{\Delta t \to 0^+} \frac{P(t \leq T < t + \Delta t \mid T \geq t)}{\Delta t} = \frac{f(t)}{S(t)} \tag{2}$$

通常将比例风险模型设定为如下形式：

$$\lambda(t; x) = \lambda_0(t) e^{x'\beta} \tag{3}$$

对式（3）两边取对数后可得

$$\ln\lambda(t; x) = x'\beta + \ln\lambda_0(t) \tag{4}$$

其中，系数 β 可以解释为半弹性，即变量 x 在边际上增加一个单位将导致风险函数增加的百分比。若 $\beta < 0$，则该变量为积极因素，有助于延长审计周期。根据基准风险的设定不同，可将比例风险模型区分为指数模型、威布尔模型及冈珀茨模型，其中指数分布的风险函数为常数，威布尔分布与冈珀茨分布的风险函数都是单调函数。

本文还将进一步采用更为稳健的 Cox 模型，利用半参数方法以降低对于概率分布假定的依赖。在比例风险模型的框架下，中央预算单位 i 与中央预算单位 j 之间的风险函数之比可以写为：

$$\frac{\lambda(t; x_i)}{\lambda(t; x_j)} = \frac{\lambda_0(t) e^{-x_i'\beta}}{\lambda_0(t) e^{-x_j'\beta}} = e^{(x_i - x_j)'\beta} \tag{5}$$

由于中央预算单位 i 与中央预算单位 j 之间的风险函数之比只与 $(x_i - x_j)$ 有关，就可以不假设基准风险的函数形式而得到参数 β 的估计量。

（二）模型设定

本文将中央预算单位是否接受审计作为事件，将审计周期作为生存时间变量，建立如下回归模型：

$$\ln cycle = \beta_0 + \beta_1 * \ln rec + \beta_2 * lrecper + \beta_i * control + u \tag{6}$$

其中，$cycle$ 表示审计周期，β 为各变量的待估系数，u 为扰动项。由式（2）可知

$$\lambda_{cycle}(t \mid x) = \frac{f_{cycle}(t)}{S_{cycle}(t)} = \lambda_v(e^{-x'\beta}t) e^{-x'\beta} \tag{7}$$

其中 $v = e^u$。将式（7）代入式（5）中即可进行 Cox 比例变换，再根据最大似然估计法得到待估系数 β 的结果。在审计实践中，不同一级预算单位的审计周期存在重叠的情况，对于每年审计的重要单位而言更是如此。在这种情况下，若采用精确边际计算法则会带来巨大的计算量，因此本文在后续实证分析中采用 Breslow 近似法一直使用的最初风险集以便提升计算效率（陈强，2014）。

（三）变量设计

生存分析的因变量包括状态与时长，但是本文定义的审计周期是前后两次审计的时间间隔，因此状态变量可以不予考虑，也无须考虑样本的删失问题。从审计实践与数据特征等方面综合考虑，本文的自变量设置如下：一是在前期审计发现问题的整改资金的基础上加 1 后，取自然对数作为中央预算单位实际整改情况的度量指标；二是将前期审计结果公告中披露的已完成整改金额占中央预算单位需要整改的问题资金的比例作为整改速度的度量指标。

在控制变量设计方面，首先考虑中央预算单位的重大错报风险。一是将前期审计发现问题资金规模作为被审计单位固有风险的度量指标；二是根据内部管理的复杂程度不同，本文参考相关研究，将本级预算与二级预算单位的数量作为衡量中央预算单位控制风险高低的指标（郑石桥和孙硕，2017）。其次，为了区分不同中央预算单位之间的差异，本文以上次被审计时中央预算单位获得财政拨款的对数表示审计对象的规模大小，并按照中央预算单位在经济社会发展中的重要性程度设置部门类别虚拟变量，而不是像其他研究中那样单纯地根据正部级单位或副部级单位予以区分（郑石桥和孙硕，2017）。再次，考虑到"审计全覆盖"的要求在 2014 年下半年首次提出并在 2015 年底以单独文件的形式下发，而预算执行情况审计通常在预算年度后期开始并在下个预算年度前期结束，因此本文以 2015 年为分界点，加入虚拟变量反映该政策对审计决策可能的影响。最后，本文还根据国家审计署是否在中央预算单位派驻审计派出局设置虚拟变量。一般认为设置审计派出机构的部门或单位往往相对重要，对这些部门或单位进行审计的需求较大，从这一逻辑出发应当缩短其审计周期。但是审计派出局又已经对该部门或单位进行了经常性的监督，预计可以通过日常监督有效地控制所在部门或单位的机会主义行为，因而可以适当延长审计周期。在安排预算执行审计时也可能会考虑到这些因素，因此其具体效应还有待检验。本文实证研究中运用的各变量名称、含义及其计算方式详见表 1。

表 1   研究变量

属性	名称	简写	定义与计算方式
因变量	审计周期	*cycle*	前后两次接受审计的自然年度的间隔
自变量	前期审计整改速度	*lnrec*	上一次审计公告发布时已完成整改资金加 1 后的自然对数

续表

属性	名称	简写	定义与计算方式
自变量	前期审计整改速度	*lrecper*	上一次审计公告发布时已完成整改资金占审计发现问题资金的比例
控制变量	前期审计发现问题资金	ln*lmis*	上一次审计中发现问题资金的自然对数
控制变量	内部预算单位数量	*nbu*	中央部门本级预算及二级预算单位数量之和
控制变量	前期财政拨款对数	ln*budapp*	上一次审计时中央预算单位获得财政拨款的自然对数
控制变量	中央预算单位类别	*deptype*	本变量为虚拟变量，国务院组成部门、直属特设机构、直属机构、办事机构、直属事业单位记为1，部委管理的国家局及其他各类中央预算单位设为0
控制变量	全覆盖政策	*tcps*	本变量为虚拟变量，审计周期终于2015年及以后年份记为1，其余年份为0
控制变量	审计派出局派驻	*da*	本变量为虚拟变量，国家审计署在中央预算单位派驻审计派出局记为1，否则为0

（四）数据来源与样本选择

本文分析中所采用的数据均来自国家审计署官方网站发布的审计结果公告中的内容。由于2009年以前均未披露财政拨款资金，加之模型中采用了上一次审计相关的结果，因此本研究所采用的样本来自2010～2017年关于中央预算单位年度预算执行等情况的审计结果公告中披露的中央预算单位。由于不同年度审计结果公告中对各中央预算单位信息披露的程度不统一，本文将信息不完整的样本予以剔除，最终采用的样本共210个。不少中央预算单位接受审计的次数超过两次，从而形成了同一个中央预算单位具有多个审计周期的情况。对于这种多持续时间段的情形，本文参考相关研究成果将其视作独立的多个样本（Besedeš and Prusa，2006；陈勇兵等，2012）。

四、实证结果及解释

（一）变量描述性统计

应用Stata 16的初步统计结果显示审计周期平均为1.76年，标准差1.33年，大量样本集中于"左侧"。事中整改完成率平均为28%，标准差为34%，整体上整改速度较慢且样本间呈现较大差异。中央各部门的内部预算单位数量平均为39.40，标准差为40.99，样本之间呈现较大差异，最小的仅有本级预算单位，而最大的除了本级预算单位以外还多达285个二级预算单位。各变量的描述性统计结果详见表2。

表 2　　　　　　　　　　　　　　　　　变量描述性统计

变量名称	均值	标准差	最小值	25% 分位数	中位数	75% 分位数	最大值
cycle	1.76	1.33	1.00	1.00	1.00	2.00	7.00
lnrec	6.24	2.81	0.00	4.78	6.64	8.31	11.24
lrecper	0.28	0.34	0.00	0.02	0.09	0.45	1.00
lnlmis	9.69	1.90	2.81	8.65	9.84	10.97	14.60
nbu	39.40	40.99	1.00	15.00	29.50	51.00	286.00
lnbudapp	12.80	1.70	8.90	11.58	12.77	14.07	16.51
deptype	0.80	0.40	0.00	1.00	1.00	1.00	1.00
tcps	0.37	0.48	0.00	0.00	0.00	1.00	1.00
da	0.76	0.43	0.00	1.00	1.00	1.00	1.00

（二）回归分析

表 3 中的模型（1）~（3）分别列示了不考虑异质性时的指数模型、威布尔模型及冈珀茨模型的回归结果。表中上半部分的回归系数及其检验结果显示中央预算单位的问题整改资金大小对风险函数没有显著的影响，假设 1 无法得到验证。一种可能的解释是，中央预算单位可支配的预算规模越大，发现问题的金额自然也越多，同样条件下整改的金额也就越多。因此，问题整改资金的规模大小对于审计计划的影响可能远不如预算规模的大小，这一点从表 3 中的所有模型里的 lnbudapp 变量方向及显著性上可以得到验证。中央预算单位前期审计整改速度的回归系数在 1% 的水平上负向显著，整改速度越快则风险函数值越小，审计周期自然也就越长，因而假设 2 得到验证。从控制变量回归结果来看，中央预算单位预算拨款规模、类别的回归系数在均 1% 的水平上正向显著，全覆盖政策的回归系数均在 1% 的水平上负向显著，这也符合一般的常理。但是审计派驻、预算单位数量及审计发现问题资金规模与风险函数值并未在统计上显著，对于审计周期也无直观影响。这可能是审计派驻所彰显的中央预算单位重要程度及其持续审计导致所在单位较低的重大错报风险在审计计划决策时互相抵消了，而预算单位数量及审计发现问题资金规模可能与中央预算单位可支配的预算规模直接相关。表中下半部分的模型设定检验结果显示威布尔模型与冈珀茨模型均优于指数模型，即认为风险函数具有单调性。在这两个模型之间最终根据 AIC 准则选择威布尔模型。

表 3 中的模型（4）列示了 Cox 模型的回归结果，假设 1 同样无法得到验证。前期审计整改速度的回归系数在 5% 的水平上负向显著，假设 2 得到验证。各控制变量回归结果的正负方向和显著性与前述 3 个比例风险模型的回归结果一致。考虑到采用 Cox 模型的前提是比例风险假设，本文采用恩舍费尔德残差检验法的结果显示，可以整体上接受比例风险的假定（p 值高达 0.9604）。进一步考虑中央预算单位类别、全覆盖政策以及审计派出局派驻可能带来的影响，本文以各个虚拟变量为分层变量进行分层 Cox 回归。

表3 中的模型（5）~（7）列示的结果显示，分层 Cox 模型与标准 Cox 模型十分相近，违反比例风险假定的可能性很低。

表3 参数及半参数回归结果

参数	指数模型	威布尔模型	冈珀茨模型	Cox 模型	分层 Cox 模型	分层 Cox 模型	分层 Cox 模型
	（1）	（2）	（3）	（4）	（5）	（6）	（7）
lnrec	− 0.0049	0.0053	− 0.0116	− 0.0093	− 0.0096	− 0.0169	− 0.0053
	(0.0154)	(0.0338)	(0.0275)	(0.0166)	(0.0162)	(0.0153)	(0.0168)
lrecper	− 0.3513 ***	− 0.8920 ***	− 0.6727 ***	− 0.3562 **	− 0.3395 **	− 0.4593 ***	− 0.3633 ***
	(0.1189)	(0.2617)	(0.2147)	(0.1394)	(0.1353)	(0.1506)	(0.1403)
lnlmis	− 0.0467 *	− 0.1010	− 0.0664	− 0.0375	− 0.0351	− 0.0347	− 0.0380
	(0.0271)	(0.0653)	(0.0501)	(0.0301)	(0.0298)	(0.0304)	(0.0297)
nbu	0.0012	0.0030	0.0023	0.0012	0.0011	0.0011	0.0011
	(0.0009)	(0.0024)	(0.0017)	(0.0009)	(0.0009)	(0.0008)	(0.0010)
lnbudapp	0.1277 ***	0.2666 ***	0.2173 ***	0.1350 ***	0.1306 ***	0.1350 ***	0.1439 ***
	(0.0291)	(0.0712)	(0.0514)	(0.0315)	(0.0315)	(0.0315)	(0.0328)
deptype	0.4202 ***	0.7935 ***	0.7788 ***	0.5001 ***		0.4754 ***	0.5078 ***
	(0.1072)	(0.2170)	(0.2120)	(0.1328)		(0.1348)	(0.1372)
tcps	− 0.2303 ***	− 0.6286 ***	− 0.6155 ***	− 0.3240 ***	− 0.3322 ***		− 0.3176 ***
	(0.0844)	(0.2047)	(0.1761)	(0.1027)	(0.1000)		(0.0992)
da	− 0.0250	0.0671	0.0035	− 0.0402	− 0.0368	− 0.0281	
	(0.1035)	(0.2283)	(0.1851)	(0.1119)	(0.1092)	(0.1083)	
_cons	− 1.8269 ***	− 4.0603 ***	− 3.5176 ***				
	(0.3029)	(0.7434)	(0.6132)				
ln_p		0.7128 ***					
		(0.0473)					
gamma			0.4564 ***				
			(0.0537)				
global test				2.53	2.37	0.61	2.15
				(0.9604)	(0.9369)	(0.9989)	(0.9510)
AIC	487.76213	351.72015	429.05217	1958.2845	1792.8552	1695.4568	1731.9949

注：各个参数以回归系数而非风险比率（hazard ratio）的形式进行报告。除了联合检验的括号内报告 p 值以外，其余参数下的括号内报告稳健标准误。 * 、 ** 、 *** 分别表示在 10% 、 5% 、 1% 的水平上显著。

（三）异质性检验

相比于《国家审计准则》的具体要求而言，本文用来分析审计周期影响因素的解释变量是有限的。事实上我们也无法获悉审计决策过程中依赖的全部信息，尤其是关于中央预算单位特质的相关信息，因此遗漏变量的问题不可忽视。这些未知的或者不可观测的风险因子在生存分析中被称之为"不可观测的异质性"或"弱质性"，通常直接以乘法的形式将其纳入风险函数进行分析。假设中央预算单位 j 的风险函数为如下形式：

$$\lambda(t;x_j,v_j)=\lambda_0(t)e^{x'\beta}v_j,\ v_j>0 \qquad (8)$$

　　显然，异质性 V_j 越大，失效的风险就越高。本文先考虑非共享的异质性，为确保解析解而假设原模型为威布尔模型，异质性 V_j 服从逆正态分布。表 4 中模型（1）的回归结果显示，假设 2 在非共享异质性下继续得到验证，而假设 1 仍旧无法得到验证。二是考虑共享的异质性，按照部门类别、全覆盖政策及派出局派驻情况设置等 3 个虚拟变量进行分组，假设组间样本存在异质性。表 4 中的（2）~（7）列示了共享异质性条件下的参数回归模型以及半参数回归模型，从结果来看，考虑样本异质性之后的回归系数方向并未发生改变，显著程度并未发生明显改变。

表 4　　　　　　　　　　　　　异质性检验结果

变量	非共享异质性	共享异质性					
	威布尔模型	按部门类别		按全覆盖政策		按派出局派驻	
		威布尔模型	Cox 模型	威布尔模型	Cox 模型	威布尔模型	Cox 模型
	(1)	(2)	(3)	(4)	(5)	(6)	(7)
lnrec	−0.0107 (0.0474)	0.0054 (0.0277)	−0.0084 (0.0272)	0.0113 (0.0279)	0.0022 (0.0260)	0.0026 (0.0269)	−0.0083 (0.0270)
$lrecper$	−1.1048*** (0.3725)	−0.8940*** (0.2165)	−0.3690* (0.2230)	−0.8497*** (0.2182)	−0.2837 (0.2182)	−0.8834*** (0.2233)	−0.3601 (0.2221)
ln$lmis$	−0.1461* (0.0852)	−0.1016* (0.0554)	−0.0406 (0.0521)	−0.0999* (0.0556)	−0.0383 (0.0520)	−0.0940* (0.0524)	−0.0415 (0.0493)
nbu	0.0037 (0.0029)	0.0032 (0.0023)	0.0015 (0.0022)	0.0028 (0.0023)	0.0008 (0.0022)	0.0032 (0.0023)	0.0012 (0.0022)
ln$budapp$	0.3960*** (0.0962)	0.2730*** (0.0621)	0.1483** (0.0621)	0.2680*** (0.0618)	0.1364** (0.0625)	0.2606*** (0.0610)	0.1372** (0.0617)
$deptype$	1.3029*** (0.3478)			0.8077*** (0.2013)	0.5174** (0.2090)	0.7791*** (0.1990)	0.5086** (0.2055)
$tcps$	−0.7499*** (0.2658)	−0.6396*** (0.1703)	−0.3342** (0.1682)			−0.6333*** (0.1756)	−0.3216* (0.1682)
da	−0.0563 (0.3167)	0.0486 (0.1831)	−0.0728 (0.1788)	0.0751 (0.1823)	−0.0254 (0.1788)		
$\_cons$	−5.3151*** (1.0239)	−3.6301*** (0.7647)		−4.4009*** (0.7214)		−3.9765*** (0.7052)	
ln_p	1.1485*** (0.0421)	0.7090*** (0.0444)		0.7051*** −0.0431		0.7113*** (0.0494)	
ln$theta$	0.6683*** −0.1511	−2.0689* −1.1368		−2.5754** −1.1751		−19.2643 −1.20E+03	

注：各个参数以系数而非风险比率的形式进行报告。参数下的括号内报告稳健标准误。*、**、*** 分别表示在 10%、5%、1% 的水平上显著。

（四）稳健性检验

考虑到前文已经采用了多种回归模型得出一致的结论，本文在此基础上进一步调整数据，采用子样本回归方法检验研究结论的稳健性。一是仅保留审计周期大于 1 的样本，对那些国家审计署具有更多自由选择余地的子样本进行回归。二是选用审计全覆盖政策出台前的样本，观察没有明确制度要求下的审计对象选择行为。出于篇幅考虑，表 5 中仅依据 AIC 准则列示了无异质性及非共享异质性条件下最佳的回归模型及其结果，基于 3 个虚拟变量的共享异质性模型未予列示。回归结果同样显示前期整改金额大小对风险函数没有显著的影响，而前期审计整改速度的回归系数仍旧在 1% 的水平上负向显著。

表 5 　　　　　　　　　　　　　　子样本回归检验结果

参数	审计周期大于 1 的样本			十八大以后的样本		
	无异质性		非共享异质性	无异质性		非共享异质性
	威布尔模型	Cox 模型	威布尔模型	威布尔模型	Cox 模型	威布尔模型
	（1）	（2）	（3）	（4）	（5）	（6）
lnrec	− 0.0185	− 0.0104	− 0.0104	− 0.0703	− 0.0317	− 0.0965
	(0.0519)	(0.0363)	(0.0800)	(0.0452)	(0.0228)	(0.0659)
lrecper	− 1.4651 ***	− 0.7080 ***	− 1.6796 ***	− 1.4832 ***	− 0.6434 ***	− 1.8259 ***
	(0.3818)	(0.2260)	(0.5324)	(0.3161)	(0.1745)	(0.4471)
lnlmis	0.1074	0.0915	0.1915	− 0.2192 ***	− 0.0891 **	− 0.2947 **
	(0.0872)	(0.0570)	(0.1214)	(0.0814)	(0.0442)	(0.1180)
lnbudapp	0.3116 ***	0.1479 **	0.3277 **	0.2993 ***	0.1381 ***	0.4031 ***
	(0.1095)	(0.0647)	(0.1616)	(0.0886)	(0.0442)	(0.1280)
deptype	0.4899 *	0.2977 *	0.6309	0.4419 *	0.247	0.6748
	(0.2773)	(0.1760)	(0.3904)	(0.2639)	(0.1588)	(0.4393)
tcps	− 2.0290 ***	− 1.1510 ***	− 2.5529 ***	0.0000	0.0000	0.0000
	(0.3858)	(0.2585)	(0.5449)	(.)	(.)	(.)
nbu	− 0.0109	− 0.0039	− 0.0071	0.0084 **	0.0039 **	0.0125 **
	(0.0108)	(0.0060)	(0.0133)	(0.0040)	(0.0018)	(0.0058)
da	0.237	0.1117	0.3432	0.2684	0.051	0.1967
	(0.3302)	(0.2194)	(0.4944)	(0.2701)	(0.1414)	(0.4017)
_cons	− 8.2974 ***		− 10.5007 ***	− 2.9299 ***		− 3.3735 **
	(1.3284)		(2.1702)	(0.9411)		(1.3254)
ln_p	1.3303 ***		1.6536 ***	0.8835 ***		1.3060 ***
	(0.0791)		(0.0974)	(0.0733)		(0.0740)
lntheta			0.2613			0.7695 ***
			(0.6658)			(0.2747)
AIC	54.527158	501.18667	50.412475	204.92982	902.93029	180.37014

注：各个参数以系数而非风险比率的形式进行报告。参数下的括号内报告稳健标准误。*、**、*** 分别表示在 10%、5%、1% 的水平上显著。

五、总结与展望

按照审计准则相关规定与风险导向审计的基本理念，以前年度的审计情况应当作为后续审计计划决策的重要依据之一。本文的研究结果显示，前期审计发现中央预算单位整改的问题资金多少并不会在实质上影响国家审计署决定何时对其进行下一次审计；而中央预算单位前期审计整改速度越快，在后期审计计划环节被选中的概率就越低，其审计周期也就越长。由此可见整改工作的不同维度对审计计划决策的影响存在明显差异，审计周期的确定或许较为机械，以至于完成整改的问题资金规模与审计周期之间不存在统计意义上的显著关系。结合控制变量的回归结果可以发现，审计对象的分类管理已经较为规范，但是跨年度的动态调整灵活性尚显不足。在审计全覆盖的要求下，对于二级预算单位的全覆盖又将成为新的挑战。中央预算单位下属的二级预算单位数量更为庞大，税务、海关、中国人民银行等垂直管理系统尤其如此。对此，审计资源必然进一步"摊薄"，审计机关在制订审计方案时更是需要有针对性地选择二级预算单位。审计机关应当不断完善风险评估模型，充分利用历史信息提炼形成风险提示指标，探索将前期审计成果运用于审计项目计划决策的内部路径。

本文的研究以部门预算执行审计为例窥视了审计计划工作的一角，但是还有一系列问题需要深入研究。一是进一步梳理对审计对象的选择产生实际影响的因素还有哪些，它们是否符合《国家审计准则》的相关规定，以及风险导向审计的理念需要进一步检验。二是相关因素是否是良好的决策参考指标还需要进一步探讨，根据决策参考指标确定的审计对象是否带来了较好的审计成果，这些问题的解答还需要依赖更为细致严谨的分析论证并接受实践检验。这就要求我们既要关注历史信息，又要对审计对象相关的规划、政策、体制、机制、制度开展深入研究，进而更好地指导审计计划工作。惟其如此，研究成果才能更好地服务审计实践，促进审计监督效能的提升。

参考文献

[1] 陈强. 高级计量经济学及 Stata 应用 [M]. 北京：高等教育出版社，2014.

[2] 陈勇兵，蒋灵多，曹亮. 中国农产品出口持续时间及其影响因素分析 [J]. 农业经济问题，2012，33 (11)：7 - 15，110.

[3] 付忠伟，黄翠竹，张百平，马丽娟. 审计 "全覆盖" 的工作机制探析 [J]. 审计研究，2015 (3)：15 - 19.

[4] 黄溶冰. 国家审计质量与审计整改机制 [J]. 湖湘论坛，2018，31 (3)：104 - 113.

[5] 雷俊生. 基于信息管理的审计整改报告机制研究 [J]. 社会科学，2017 (12)：49 - 61.

[6] 刘泽照，梁斌. 政府审计可以抑制腐败吗？——基于 1999—2012 年中国省级面板数据的检验 [J]. 上海财经大学学报，2015，17 (1)：42 - 51.

［7］马建峰，高永宁，汤晓静．系统效率视角下的绩效审计对象与项目遴选方法研究［J］．审计研究，
　　　2015（1）：44－51．

［8］马轶群．国家审计质量的区域差异性研究——基于动态面板的系统广义矩估计检验［J］．当代财
　　　经，2014（11）：119－128．

［9］欧阳华生，刘雨，肖霞．我国中央部门预算执行审计分析：特征与启示［J］．审计与经济研究，
　　　2009，24（2）：28－34．

［10］钱啸森，吴星．深化中央部门预算执行审计的若干思考［J］．审计与经济研究，2008（4）：5－8．

［11］上海市审计局课题组．审计计划管理与组织实施方式方法创新研究——基于一项问卷调查的研究
　　　　［J］．审计研究，2011（5）：35－39，34．

［12］时现．我国建设项目审计存在的风险［J］．中国审计，2001（9）：33．

［13］宋达，郑石桥．政府审计对预算违规的作用：抑制还是诱导？——基于中央部门预算执行审计数
　　　　据的实证研究［J］．审计与经济研究，2014，29（6）：14－22．

［14］王春飞，张雅靖，郭云南．中央预算执行审计：问题及整改——基于国家治理的视角［J］．学术
　　　　研究，2016（9）：111－116，140，178．

［15］王子龙，池国华．论审计全覆盖与国家审计转型［J］．财务与会计，2016（16）：47－48．

［16］吴勋，孙萌．部门预算执行审计特征研究——基于2003—2015年审计结果公告的分析［J］．管理
　　　　现代化，2016，36（3）：12－14．

［17］杨琴．基于非期望产出和信息熵的国家审计对象遴选方法研究［J］．审计研究，2013（6）：37－
　　　　44．

［18］虞伟萍．关于深化部门预算执行审计的几点思考［J］．审计研究，2001（5）：3－6．

［19］张道潘，刘世林．新时代我国政府审计机制创新路径研究［J］．中国审计评论，2019（2）：11－
　　　　19．

［20］张海兰，张月明．试论构建审计发现问题督导整改机制研究［J］．经济研究参考，2013（41）：65－
　　　　69．

［21］赵保卿，张婧．政府审计效能与财政资金运行效率研究［J］．中国审计评论，2017（2）：21－29．

［22］郑朝阳，朱飞．关于进一步深化中央部门预算执行审计的思考——基于党的十八大以来5年审计
　　　　结果公告分析［J］．审计研究，2019（1）：10－15．

［23］郑石桥，施然．法定审计与选择性审计的区分：理论框架和例证分析［J］．会计之友，2015
　　　　（17）：133－136．

［24］郑石桥，孙硕．预算调整、预算透明度和预算违规——基于中央各部门预算执行审计面板数据的
　　　　实证研究［J］．审计与经济研究，2017，32（3）：1－13．

［25］Besedeš T．，Prusa T．J．Product differentiation and duration of US import trade［J］．Journal of Interna-
　　　　tional Economics，2006，70（2）：339－358．